© Assimil 2014
ISBN 978-2-7005-0626-6
ISSN 2266-1158

Diseño gráfico: Atwazart

Inglés

Anthony Bulger

Adaptado al español por Belén Cabal

ASSIMIL

B.P. 25
94431 Chennevières sur Marne cedex
Francia

Este libro no pretende reemplazar un curso de idiomas, pero si inviertes un poco de tiempo en su lectura y aprendes algunas frases, podrás comunicarte rápidamente. Todo será distinto, vivirás una experiencia nueva.

Un consejo: ¡No busques la perfección! Tus interlocutores te perdonarán de buena gana los pequeños errores que puedas cometer al principio. Lo más importante es que dejes a un lado tus complejos y te atrevas a hablar.

Parte IV

Introducción

↗ Cómo utilizar esta guía

La parte "Iniciación"

¿Dispones de media hora al día? ¿Tienes tres semanas? Entonces comienza por la parte 'Iniciación', 21 mini-lecciones que te darán, sin complicaciones inútiles, las bases del inglés británico común, con las que podrás entender y hablar.
- lee la lección del día siguiendo el texto y después di las frases consultando la traducción y la transcripción;
- lee después las breves explicaciones gramaticales: desarrollan algunos mecanismos que podrás utilizar;
- haz el pequeño ejercicio final, verifica que lo tienes todo… ¡y no te olvides de la próxima lección al día siguiente!

La parte "Conversación"

Para todas esas situaciones habituales con las que te vas a encontrar en tu viaje, la parte 'Conversación' de esta guía te propone una completa batería de herramientas: palabras, pero también diversas estructuras de frases que podrás utilizar en contexto. Todas las palabras van acompañadas de su traducción (a veces 'palabra por palabra' si la estructura es muy diferente a la del español) y de una sencilla pronunciación figurada que transcribe lo más fielmente posible los sonidos ingleses utilizando el alfabeto corriente, sin símbolos. Aunque no tengas ningún conocimiento previo del inglés, este 'kit de supervivencia' te convertirá en un viajero autónomo.

↗ Gran Bretaña: datos y cifras

Superficie	243 610 km2
Población (2012)	63 047 160 habitantes

Capital(es)
  Escocia
  País de Gales
	Londres (población 7,83 millones)
	Edimburgo
	Cardiff

Lengua oficial Lenguas regionales reconocidas oficialmente	Inglés Córnico, escocés, gaélico escocés, galés
Moneda	Libra esterlina (£, GBP)
Régimen político	Democracia parlamentaria
Religiones (mayoritarias)	Cristianismo (anglicana, católica, presbiteriana, metodista)

El Reino Unido de Gran Bretaña e Irlanda del Norte –su nombre oficial– está compuesto por Inglaterra, País de Gales y Escocia, que forman **Great Britain**, *Gran Bretaña*. También incluye los seis condados de Irlanda del Norte y algunos cientos de islas a lo largo de las costas. El término **the British Isles**, *las Islas Británicas*, designa el archipiélago compuesto de Gran Bretaña, Irlanda y las islas adyacentes. En el lenguaje común, hablamos de **Britain** o **the UK**.

Gran Bretaña (en este libro no hablaremos de Irlanda del Norte por falta de espacio) está dividida en 80 condados (**counties**), conocidos también bajo el nombre de **shires**. También existen seis **metropolitan counties** alrededor de las poblaciones más grandes (como Londres).

↗ ¿Tres países, una identidad?

Inglaterra, País de Gales y Escocia tienen cada uno una identidad más o menos definida. Y si los escoceses hablan habitualmente de independencia, algunos ingleses reclaman la creación de un parlamento nacional que se ocupe de los asuntos estrictamente ingleses. De hecho, desde finales de los años noventa, el estado traspasó ciertos poderes al **Scottish Parliament** (Escocia) y a la **Welsh Assembly** (País de Gales).

Por eso, la propia existencia de una identidad británica se ha convertido en tema recurrente en el debate público, más todavía cuando Gran Bretaña adoptó después de mucho tiempo una actitud claramente multicultural.

Ahora bien, hagas lo que hagas, ¡evita tratar a un autóctono de "**English**" (*inglés*) sin haberle preguntado su origen! En caso de duda, utiliza **British**.

↗ Gran Bretaña: algunos datos históricos

55 a. C.	Julio César invade Gran Bretaña
43-70 d. C.	Colonización romana
450-750	Invasiones sucesivas de jutos, sajones y anglos
597	Evangelización por san Agustín, que se convertirá en el primer arzobispo de Canterbury
790-1040	Invasiones vikingas
1066	Invasión normanda (Guillermo el Conquistador)
1321-22	Guerra civil
1337	El rey Eduardo se declara heredero del trono de Francia; comienzo de la guerra de los Cien Años

1455-1485	Guerra civil entre las dinastías de York y de Lancaster ("guerra de las Dos Rosas")
1536	Unión entre Inglaterra y el País de Gales
1642-1651	Guerra civil; ejecución de Carlos I, protectorado de Cromwell
1660	Restauración de la monarquía (Carlos II)
1707	Unión entre Inglaterra y Escocia
1780	Comienzo de la revolución industrial
1800	Unión con Irlanda
1837	Ascensión al trono de la reina Victoria
1901	Muere S.A.R. Victoria
1920	Independencia de Irlanda
1946-48	Creación del estado de bienestar (Welfare State), con un régimen de Seguridad Social (National Insurance) y una cobertura médica universal (National Health Service)
1952	Ascensión al trono de la reina Isabel II
1973	El Reino Unido entra en la Comunidad europea
1979	Margaret Thatcher se convierte en la primera mujer Primer Ministro
1997	Tony Blair elegido Primer Ministro
1998	Firma del acuerdo del Viernes Santo para buscar una solución política a los conflictos que sacuden Irlanda del Norte desde hace más de 30 años
2007	Dimisión de Tony Blair, reemplazado por Gordon Brown
2010	Primer gobierno de coalición (conservadores/liberales-demócratas) desde la Segunda Guerra Mundial
2012	Juegos Olímpicos de Londres

↗ El inglés

El idioma oficial de Gran Bretaña, el inglés, coexiste con cinco o seis lenguas regionales, las cuales han experimentado una notable renovación en últimos treinta años. (En el País de Gales y en algunas regiones de Escocia, las señales de tráfico son bilingües.)

El inglés se formó por una serie de invasiones, primero la de las tribus germánicas (entre las que estaban los anglos, origen de la palabra "inglés"), que desplazaron a los autóctonos y su lengua celta hacia los extremos norte (Escocia) y oeste (Gales); luego la de los romanos, que aportaron el latín; y, finalmente, los normandos, que también dieron origen al francés. Durante varios siglos, hubo una especie de apartheid lingüístico con, por un lado, la nobleza y los señores, que hablaban el franco-latín, y por otro, el campesinado, que conversaba en el inglés antiguo, una mezcla de dialectos sajones y celtas. Ambas lenguas evolucionaron y se unieron para dar origen finalmente al **Middle English** (*inglés medio*) hasta el siglo XIV y más tarde –enriquecido por el vocabulario del Renacimiento y de la tecnología industrial– al inglés que se habla hoy en día. Este doble origen es un factor muy importante porque da lugar a dos niveles de expresión: un lenguaje formal y erudito compuesto de palabras de origen latino, y otro, más emocional y "con los pies en la tierra" con un vocabulario germano-sajón. Por ejemplo, en política se dice **monarch** pero, en la calle, **queen** (o **king**). Enseguida te darás cuenta de esta dualidad durante tu viaje, por ejemplo al leer los eslóganes publicitarios y, en paralelo, los documentos oficiales.

↗ Aprender inglés

Comenzaremos con una buena noticia: los principios gramaticales del inglés son muy sencillos. De hecho, el inglés no tiene ni declinaciones ni géneros y las formas verbales son mucho más limitadas que las del español. Entonces, ¿dónde está la trampa? ¡En la pronunciación!

Algunos sonidos ingleses no existen en español (el español tiene entre 22 y 24 fonemas, o elementos sonoros, mientras que el inglés tiene 47), y generalmente las formas escritas y habladas son bastante distintas. Además, la acentuación es mucho más marcada. La sílaba que lleva el acento tónico en una palabra se pronuncia más exagerada, mientras que la o las otras casi "se tragan". Así, en la palabra **doctor**, el acento cae sobre la primera sílaba, de manera que la segunda **o** es poco audible: *[dokt°ᴿ]*. Este fenómeno todavía se aprecia más cuando la palabra es larga, por ejemplo: **comfortable** (*cómodo*), acentuada también en la primera sílaba, se pronuncia *[komff°bol]*. Como las reglas de acentuación son muy complejas, te invitamos a confiar en nuestra pronunciación figurada.

Iniciación

The car is at the airport
El coche está en el aeropuerto

1 **the car**   **the boy**   **the girl**
  De kaR   *De boi*   *De gueRl*
  el coche   *el chico*   *la chica*

2 **the doctor**
  De doktºR
  el médico (hombre o mujer)

3 **the airports**
  De erports
  los aeropuertos

Notas de gramática

Sencillas, como te dije. Los sustantivos no tienen género (así, **a doctor**, *un médico*, puede ser un hombre o una mujer) y, si terminan en consonante, forman el plural añadiendo una **-s** al final (**doctor/doctors**). El artículo **the** se traduce como *el*, *la*, *los*, *las*: **the airports**, *los aeropuertos*.

Pronunciación: El sonido "**th**" no existe en español. Hay dos pronunciaciones diferentes: una dura y otra sibilante. Con **the**, nos encontramos con la primera. Para conseguir este sonido, coloca la punta de la lengua entre los dientes y pronuncia la letra "d". Por último, observa que, como regla general, **the** se pronuncia *[De]* delante de una consonante y *[Di]* delante de una vocal.

Practica – Traduce las siguientes frases

1. Los chichos y las chicas.
2. The car is at the airport.
3. The girl is a singer.

Soluciones

1. The boys and the girls.
2. El coche está en el aeropuerto.
3. La chica es (una) cantante.

↗ 2º día

To be or not to be?
¿Ser o no ser?

1 He is a man and she is a woman.
*Hii is a man and shi is a **uo**man*
Él es un hombre y ella es una mujer.

2 "To be or not to be"*: I am an actor.
*tu bii oR not tu bii: ai am an **akt**ᵒᴿ*
"Ser o no ser": yo soy (un) actor.

3 We are Spanish, but they are English.
*Ui aR spanish bat Dei aR **in**glish*
Nosotros somos españoles, pero ellos son ingleses.

Notas de gramática

El verbo **to be**, *ser/estar* (el infinitivo de todos los verbos, salvo los modales, va precedido de *to*) solamente tiene tres formas en el presente, frente a las 6 formas de cada verbo en español:

I am ("I" siempre en mayúscula)	*yo soy / estoy*
you are	*tú eres / estás*
he/she is	*él/ella es / está*
we are you are they are	*nosotros somos / estamos* *vosotros sois / estáis* *ellos/ellas son / están*

Observa dos cosas: **they** significa *ellos y ellas* (lógico, los sustantivos ingleses no tienen género), pero, sobre todo, **you** se traduce como *tú, usted y vosotros*. De hecho, el tuteo en inglés solo se aprecia al tratar a la persona por su nombre de pila. Si nos dicen señor/señora más el apellido, nos están tratando de usted.

Pronunciación: El artículo indefinido se escribe **a** *[a]* delante de una consonante y **an** *[an]*, delante de una vocal. En este último caso, al pronunciarlo, hacemos una ligadura: **an actor** *[anaktᵉR]*. La acentuación es mucho más marcada en inglés que en español. Una sílaba pronunciada con más fuerza en una palabra lleva el acento tónico, mientras que las otras se "tragan". Así, en **actor**, el acento cae sobre la primera sílaba, de manera que la vocal *o* es poco audible (representada aquí por una *[ᵉ]*). Fíate de nuestra pronunciación figurada.

* Con tan solo dos días, ya puedes citar a Shakespeare con su célebre frase: "Ser o no ser". ¡Genial!

Practica – Traduce las siguientes frases
1. Somos españoles.
2. Ser o no ser.
3. She is a woman and he is a man.
4. The actors are English.

Soluciones
1. We are Spanish.
2. To be or not to be.
3. Ella es una mujer y él es un hombre.
4. Los actores son ingleses.

On holiday
De vacaciones

1 We're teachers on holiday.
*Ui ar **ti**chers on **Hol**idei*
Somos profesores y estamos de vacaciones.

2 They're at the station in Edinburgh.
*DeiR at De **stei**sh'on in **ed**inb^{eR}*
Ellos están en la estación de Edimburgo.

3 I'm from London, she's from Leeds and you're obviusly Swiss.
*aim from **lon**don, shiis from liids and iuaR **ob**viusli suis*
Yo soy de Londres, ella es de Leeds y tú/vosotros eres/sois claramente de Suiza.

4 Thank you very much.
*Zank iu **ve**ri mach*
gracias tú/vosotros muy mucho
Muchas gracias.

Notas de gramática

En el lenguaje común, el verbo **to be** (*ser/estar*) y los demás auxiliares, se "contraen", es decir, se suprime una vocal (sustituyéndola por un apóstrofo). Así:

I am	→	I'm
he is/she is	→	he's/she's
we are		we're
you are	→	you're
they are		they're

La contracción no es una regla gramatical, pero su uso revela un nivel más familiar de la lengua. Hay pocas contracciones en este libro ya que es más fácil de comprender si se pronuncian todas las palabras, pero tus interlocutores no se privarán de utilizarlas: las encontrarás en las frases comunes con las que se pueden dirigir a ti.

Pronunciación: Con **thank**, encontramos el sonido *[Z]* sibilante. Para conseguirlo, coloca la punta de la lengua entre los dientes y pronuncia una **z** (en lugar de la **d** de la forma dura). Las reglas que determinan qué sonido va con qué palabra son muy complejas para incluirlas en este libro y por tanto hace falta que te fíes de nuestra pronunciación figurada. (Debes saber de todas formas que **-th** se pronuncia siempre sibilante al final de una palabra).

Practica – Traduce las siguientes frases
1. Ella está en la estación.
2. Gracias.
3. You're obviusly from London!
4. We're teachers.

Soluciones
1. She's at the station.
2. Thank you.
3. ¡Tú/usted/vosotros eres/es/sois claramente de Londres!
4. Nosotros somos profesores.

↗ 4º día

Two beers, please
Dos cervezas, por favor

1 I have some matches.
*ai Haf som ma*tches
Tengo cerillas.

2 Two curries and two beers, please.
*tu ka*Ris *and tu bie*R*s plis*
Dos currys y dos cervezas, por favor.

3 It is Friday already. I love Fridays!
*it is frai*dei ol*R*edi *ai lof frai*deis
Ya es viernes. ¡Me encantan los viernes!

Notas de gramática

Después de **to be** (*ser/estar*), otro verbo importante es **to have** (*tener*), que solo tiene dos formas en el presente: **has** para la tercera persona del singular y **have** para todas las demás. También es un verbo auxiliar.

Conocemos **he** (*él*, para personas del sexo masculino) y **she** (*ella*, para personas del sexo femenino), pero dado que en inglés los sustantivos no tienen género, existe otro pronombre, **it**, que se aplica a todos los demás sustantivos y que sirve también para la forma impersonal: **It is Friday**, *Es viernes*.

En cuanto al plural, sabemos que se añade una **-s** a los nombres que terminan en consonante, pero a los que ya terminan en **-s** o incluso en **-sh**, **-ch** o **-x** se les añade una vocal: **-es** (**boxes of matches**, *cajas de cerillas*). Por último, si los sustantivos que acaban en **-y** <u>precedida de una vocal</u> añaden también una **-s** (**Fridays**, *los viernes*), los que terminan en **-y** <u>precedida de una consonante</u> forman el plural con **-ies** (**a curry**, **two curries**).

Practica – Traduce las siguientes frases

1. Dos cervezas, por favor,

2. y un curry.

3. It is a match.

4. We have curry on Fridays.

Soluciones

1. Two beers, please,

2. and a curry.

3. Es una cerilla.

4. Comemos (Tenemos) curry los viernes.

↗ 5º día

Are you Spanish?
¿Eres español?

1 **Are you Spanish? – No, I am not. I am Mexican.**
*aR iu spanish – nou ai am not. ai am **meks**ican*
¿Eres español/a? – No (yo no lo soy). Soy mexicano/a.

2 **Is it Friday? – No, it's Thursday.**
*is it **frai**dei – nou its **ZeRs**dai*
¿Es viernes? – No, es jueves.

3 **A hot chocolate and two cold beers, please.**
   – Sorry, we are closed.
*a hot **chok**leit and tu kold **bie**ᴿs plis – **so**Ri ui aR klousd*
Un chocolate caliente y dos cervezas frías, por favor.
– Lo siento, está cerrado (estamos cerrados).

Notas de gramática

Las frases interrogativas con el verbo **to be** se forman invirtiendo el orden: **he is = is he?** etc. La negación es muy sencilla: basta con poner **not** detrás del verbo. **We are not Swiss**, *No somos suizos*. En la conversación corriente, los británicos evitan responder a una pregunta con un simple **yes** (*sí*) o **no** (*no*), respuestas consideradas un poco "secas". Prefieren responder retomando el verbo:
– Are you Spanish? – Yes, I am.
– Is he Argentinian? – No, he is not.
Se trata de un uso, no de una regla; puedes responder con una sola palabra si lo prefieres.

Los adjetivos son invariables (recordemos la ausencia de géneros). Se colocan normalmente delante del nombre al que califican: **a hot chocolate**, **two cold beers**.

Pronunciación: puedes hacer una pregunta utilizando la forma afirmativa pero con una entonación ascendente al final de la frase. Así, en lugar de una entonación descendente en la frase **You're Spanish** ↘, basta con subir la entonación, **You're Spanish?** ↗, para señalar la interrogación. Fácil, aunque solo se puede utilizar en el lenguaje informal.

Practica – Traduce las siguientes frases

1. ¿Son (ellos/as) chilenos/as? – No.
2. ¿Es viernes?
3. Sorry, it is closed.
4. Two hot chocolates, please.

Soluciones

1. Are they Chilean? – No, they are not.
2. Is it Friday?
3. Lo siento, está cerrado.
4. Dos chocolates calientes, por favor.

Ya está: en tan solo cinco días ya eres capaz de construir frases –simples, es verdad, pero prácticas– en inglés. No olvides el principio de Assimil: con un poco de trabajo diario conseguirás un restultado óptimo.

↗ 6ᵉ día

The ferry arrives at midnight
El ferry llega a medianoche

1 **The ferry leaves at nine o'clock and arrives at midnight.**
De feRi lifs at nain oklok and aRaifs at midnait
El ferry sale a las nueve en punto y llega a medianoche.*

2 **I live in Brussels, but I work in Paris. – I love Paris!**
ai lif in brasels bat ai uork in paris – ai lof paris
Vivo en Bruselas, pero trabajo en París. – ¡Me encanta París!

3 **My job? I am a guide.**
mai yob. ai am a gaid
¿Mi trabajo? Soy guía.

4 **Please do my room after breakfast.**
plis du mai rum aftᵉR brekfast
Por favor, hagan mi habitación después del desayuno.

5 **Help! I am hurt.**
Help. ai am Hart
¡Socorro! Estoy herido.

* Sin otra indiación, **nine o'clock** puede significar 9 h y 21 h.

Notas de gramática

El presente es muy sencillo: basta con usar el infinitivo sin **to** en todas las personas <u>salvo en la tercera del singular</u>, a la que añadiremos una **-s** (o, siguiendo la regla del plural, **-es** o **-ies**, ver la 4ª lección). Esquemáticamente, queda así:

I, we, you, they	work
he/she/it	works

El infinitivo sin **to** es también el imperativo: **Sit!**, *¡Siéntate!*;
Leave!, *¡Vete!*

El tercer verbo más importante, junto con **to be** y **to have**, es **to
do**, que se traduce por *hacer* pero que también sirve como auxiliar. En la tercera persona, **do** se convierte en **does**. (Recuerda la
-s de la 3ª persona: te resultará muy útil…)

Pronunciación: mientras que el sonido **do** es largo *[duu]*, el de la
tercera persona, **does**, es más corto: *[das]*.

Practica – Traduce las siguientes frases
1. ¿Estás herido? – No (no lo estoy).
2. Él tiene (hace) tres trabajos.
3. Two ferries leave at nine, but one arrives at midnight.
4. She lives and works in Paris.

Soluciones
1. Are you hurt? – No I am not.
2. He does three jobs.
3. Dos ferrys salen a las nueve, pero uno llega a medianoche.
4. Ella vive y trabaja en París.

↗ 7° día

He knows her
Él la conoce

1   I don't know London. Is it nice? – No, not really.

*ai doont nou **lon**don. is it nais – nou not riili*

No conozco Londres. ¿Es bonito? –No, realmente no.

2   She does not know him but he knows her.

shii das not nou Him bat Hii nous Her

Ella no le conoce, pero él sí la conoce a ella.

3   Do not help them. – Why not?

du not Help Dem – uai not

No les ayudes. –¿Por qué no?

4   Tell me if the bank is open.

*tel mii if De bank is **ou**pen*

Dime/Dígame si el banco está abierto.

Notas de gramática

Estos son los pronombres complementos de objeto directo, con el pronombre sujeto correspondiente:

I	me	*me*
he	him	*le* (persona de sexo masculino)
she	her	*la* (persona de sexo femenino)
it	it	*lo* (resto de sustantivos)
you	you	*te/os*
they	them	*les/las*

Hoy aprenderemos también la forma negativa de los verbos comunes, que se contruye simplemente con **to do** y **not**:

I work → I do not work
they live → they do not live
we leave → we do not leave
you know → you do not know

Observa lo que ocurre con la tercera persona: **it closes → it does not close**; la **-s** pasa del verbo al auxiliar (**to close**, *cerrar*).

Pronunciación: la **k-** inicial es muda cuando va seguida de una **n**. Así, **know** se pronuncia exactamente como **no**, *no*: *nou*.

Practica – Traduce las siguientes frases
1. ¿Por qué no? – No lo sé.
2. ¿(Él) Es agradable? – No, realmente no.
3. She does not love him but he loves her.
4. The bank does not close on Monday.

Soluciones
1. Why not? – I do not know.
2. Is he nice? – No, not really.
3. Ella no le quiere, pero él sí la quiere a ella.
4. El banco no cierra (en) los lunes.

↗ 8º día

Do you speak Spanish?
¿Hablas español?

1   Does this train go to Leicester? – I don't know.
*das Dis trein gou tu **leist**ᵉᴿ – ai doont nou*
¿Este tren va a Leicester? – No lo sé. [forma contraida]

2   Do you speak Spanish? – Yes, I do.
du iu spiik spanish – ies ai du
¿Hablas español? – Sí (lo hago).

3   Are the shops open on Sunday? – I Think so.
*aR De shops **oo**pen on **san**dei – ai Zink sou*
¿Están abiertas las tiendas (en) los domingos?
– Creo que sí (así).

4   Does it rain a lot in England? – No, it doesn't.
*das it Rein a lot in **in**gland – nou it **das**ent*
¿Llueve mucho en Inglaterra?
– No (no lo hace). [forma contraida]

Notas de gramática

La forma interrogativa de los verbos comunes se construye, como la negación, con **do** en todas las personas – **you know London →
do you know London?** – salvo la tercera del singular: **it closes
on Monday → does it close on Monday?**
Para responder a una pregunta con **do/does** se adopta el mismo
mecanismo que con **am/is/are**, es decir, se repite el auxiliar: **Do
you like beer? Yes I do** o **No I do not**.
La negación **do not / does not** también se puede contraer como
don't/doesn't.

Por último, recuerda la fórmula: **I Think so / I don't Think so** (lit. "Creo / no creo así"), *Creo que sí / Creo que no*.

Pronunciación: observa que **don't** se pronuncia en una sola sílaba larga *[doont]*, mientras que **doesn't** se pronuncia en dos, llevando la primera el acento tónico: *[das*ent]*.

Practica – Traduce las siguientes frases

1. ¿Esta tienda abre (en) los jueves?
2. ¿Te gusta la cerveza? – No.
3. A lot of trains go to Leicester.
4. Are you Spanish or do you speak Spanish? – No, I am not and non I do not.

Soluciones

1. Does this shop open on Thursday?
2. Do you like beer? – No, I don't.
3. Muchos trenes van a Leicester.
4. ¿Eres español o hablas español? – No, no [lo] soy y no [lo] hablo.

Your luggage is in your room
Su equipaje está en la (su) habitación

1 **Our hotel is in the city centre.**
aueR Hotel is in De siti senteR
Nuestro hotel está en el centro de la ciudad.

2 **Your luggage is in your room.**
ioR laguidch is in ioR ruum
Su equipaje está en la (su) *habitación.*

3 **My passport is in my coat pocket.**
mai passport is in mai kout poket
Mi pasaporte está en el bolsillo de mi abrigo (abrigo bolsillo).

4 **Has she got her car keys? – No, she uses his car.**
Has shii got HeR kaR kiis – nou shii iuses His kaR
¿Tiene [ella] *sus* [de ella] *llaves del coche? – No, ella utiliza su*
[de él] *coche.*

Notas de gramática
Aquí tienes los adjetivos posesivos. Dado que no hay géneros ni
concordancia entre adjetivo y sustantivo, **my** se traduce por *mío*,
mía, *míos* y *mías*, al igual que el resto de los posesivos:

I	me	my	*mío, mía, míos, mías*
you	**you**	**your**	*tuyo, tuya, tuyos, tuyas*
he	**him**	**his**	*suyo, suya, suyos, suyas* (si el poseedor es del sexo masculino)
she	**her**	**her**	*suyo, suya, suyos, suyas* (si el poseedor es del sexo femenino)
it	**it**	**its**	*suyo, suya, suyos, suyas* (si el poseedor es neutro)

we	us	our	*nuestro, nuestra, nuestros, nuestras*
you	you	your	*vuestro, vuestra, vuestros, vuestras*
they	them	their	*suyo, suya, suyos, suyas* (si los poseedores son varios)

Para la tercera persona, la elección del adjetivo posesivo depende del sexo del "poseedor": **her keys**, *sus llaves <u>de ella</u>*; **his passport**, *su pasaporte <u>de él</u>*; **its centre**, *su centro* (de una ciudad, por ejemplo).

El verbo **to get** significa literalmente *conseguir*, *obtener* cuando va segido de un nombre: **Get me a coffee**, *Consígueme un café*. Pero este pequeño vocablo tiene múltiples utilizaciones, especialmente cuando su participio pasado **got** se utiliza con el auxiliar **to have** para indicar la posesión: **Do you have a car?** o **Have you got a car?** No hay ninguna diferencia de significado entre las dos construcciones, pero es más común la que lleva **get/got**.

Practica – Traduce las siguientes frases
1. ¿Tienes las llaves? – Sí, en el bolsillo de mi abrigo.
2. Nuestro equipaje está en su (de ellos) habitación.
3. His passport is in his pocket, and her passport is in her room.
4. Their hotel is in the city centre.

Soluciones
1. Have you got your keys? – Yes, in my coat pocket.
2. Our luggage is in their room.
3. Su pasaporte (de él) está en su bolsillo y su pasaporte (de ella) está en su habitación.
4. Su hotel (de ellos) está en el centro de la ciudad.

(Sin duda ya has asimilado que **you** significa a la vez *tú*, *usted* y *vosotros*. A partir de ahora, utilizaremos cualquiera de estas tres traducciones según el contexto.)

Where is the bus station?
¿Dónde está la estación de autobuses?

1 **Excuse me, where is the bus station?**
*ekskius mii ueR is De bas **stei**sh'on*
Disculpe, ¿dónde está la estación de autobuses?

2 **When does the next train for Plymouth leave?**
*uen das De nekst trein for **pli**muZ liif*
cuándo hace el próximo tren para Plymouth salir
¿Cuándo sale el próximo tren para Plymouth?

3 **Why is this coat so expensive?**
*uai is Dis kout sou eks**pen**sif*
¿Por qué es tan caro este abrigo?

4 **Who is that man over there?**
*Hau is Dat man **ou**vᵉ Deᴿ*
¿Quién es ese hombre de allí?

5 **What is your name?**
*uat is ior **ne**im*
cuál es su nombre
¿Cómo te llamas?

Notas de gramática
Sabemos que la mayoría de las preguntas se forman con el auxiliar (**be**, **have**, **do**) + el sujeto + el verbo (**Do you like beer?** *¿Te gusta la cerveza?*, etc.).

Aquí tienes algunas de las palabras interrogativas más habituales. Observa que todas comienzan por **wh-**:

what	*qué, cuál*
when	*cuándo*
where	*dónde*
who	*quién*
why	*por qué*

Otras palabras muy útiles para hacer preguntas son los demostrativos **this**, *este/esta*, que designa cualquier cosa (o persona) que está cerca del que habla, y **that**, *ese/esa* y *aquel/aquella*, para indicar un objeto (o una persona) que está más lejos: ☞ **this bus** (de aquí); ☞ **that train** (de allí). Los plurales son **these** y **those** respectivamente.

Pronunciación: En la mayoría de palabras que comienzan por **who-** la letra **w** es muda. Se pronuncia simplemente la **h**. Por ejemplo, **who** *[Hu]*. Observa bien el cuadro de aquí arriba.

Practica – Traduce las siguientes frases

1. Este abrigo es caro, pero ese (uno) no.
2. ¿Dónde está su coche (de él)? – Allí.
3. What is the name of your hotel?
5. When is the next bus to Oxford?

Soluciones

1. This coat is expensive but that one is not.
2. Where is his car? – Over there.
3. ¿Cómo se llama vuestro hotel?
4. ¿Cuándo sale (es) el próximo autobús para Oxford?

How are you?
¿Cómo estás?

1 How are you?
Hau aR iu
¿Cómo estás?

2 How's his friend?
Haus His frend
¿Cómo está su amigo/a (de él)*?*

3 How do you say "ticket office" in Spanish?
*Hau du iu sei **ti**ket ofis in spanish*
¿Cómo decís "ticket office" en español?

4 How much does this book cost?
Hau mach das Dis buk kost
cuánto este libro cuesta
¿Cuánto cuesta este libro?

5 How many pennies are there in a pound?
*Hau **me**ni **pe**nis aR DeR in a paund*
¿Cuántos peniques hay en una libra?

Notas de gramática

He aquí otra palabra interrogativa **how** *[Hau]*: *cuánto*. En nuestro ejemplo, utilizamos una formulación habitual para interesarnos por la salud de alguien: **How are you?** *¿Cómo estás?*

Al hablar de cantidades, el inglés distingue entre los nombres "contables" –las cosas que se pueden contar, como 2 auto-buses o 4 trenes– y las que son incontables. Hay que tener muy en cuenta esta diferencia cuando formulamos una pregunta.

Aquí tienes un recordatorio: **How many cars?** (¿*Cuántos coches?*: podemos contarlos) pero **How much money?** (¿*Cuánto dinero?*, una cantidad incontable). En la pregunta **How much does XX cost?**, **much** se refiere a una cantidad de dinero, no al número de monedas o billetes.

Pronunciación: ya te habrás dado cuenta de que utilizamos la contracción con **how's** pero no con **how are**. La razón es simple: ¡**how're** sería muy difícil de pronunciar! Así pues, las contracciones se hacen de forma natural.

Practica – Traduce las siguientes frases

1. ¿Cómo está Sheila? ¿Y cómo está su amigo/a?
2. ¿Cómo sabes dónde vive?
3. How much is that book?
4. How many friends has he got on Facebook?

Soluciones

1. How is Sheila? And how's her friend?
2. How do you know where she lives?
3. ¿Cuánto cuesta ese libro?
4. ¿Cuántos amigos tiene (él) en Facebook?

↗ 12º día

My parents' favourite restaurant
El restaurante favorito de mis padres

1 **Whose is this passport? Does it belong to Steve?**
   *Hus is Dis **pas**port. das it **bi**long tu stiif*
   ¿De quién es este pasaporte? ¿Es de (Pertenece a) *Steve?*

2 **No, it's mine. That one is Steve's passport.**
   *nou its main. Dat uan is stiifs **pas**port*
   No, es mío. Ese es el pasaporte de Steve (Steve-de pasaporte).

3 **This is my parents' favourite restaurant. It's called
   Mario's.**
   *Dis is mai **pa**rents **fei**vrit **Resto**Rant. its kold **ma**rios*
   Este es el restaurante favorito de mis padres (mis padres-favo-
   rito restaurante). *Se llama* (es llamado) *Mario.*

4 **Mario's Italian, I súpose.**
   *ma**rios i**ta**lian ai su**pous***
   Mario es italiano, supongo.

5 **No, his real name's Fred!**
   nou His rial neims fred
   No, ¡su verdadero nombre es Fred!

Notas de gramática
Aquí tienes la última palabra interrogativa: **whose...?**, *¿de quién?*
Invariable, va seguida normalmente del auxiliar **to be**: **Whose is
this?** / **Whose are these/those?**, *¿De quién es esto? / ¿De quién
son estos/esos?* (Recordemos que **these** y **those** son los plurales,
respectivamente, de **this** y **that** – ver la lección 10).

Hemos visto también el caso posesivo. Para traducir *el pasaporte de Steve*, en lugar de decir **the passport of Steve**, marcamos la posesión añadiendo **-'s** al <u>poseedor y lo colocamos delante del objeto poseído</u>: **Steve's passport**. Si el nombre es plural, es suficiente con añadir el apóstrofo: **my parents' restaurant**. Las dos reglas de oro son: colocar al poseedor delante de su posesión y, sobre todo, no traducir el artículo definido del español: *el restaurante de Steve*: **Steve's restaurant**.

(El caso posesivo se utiliza a menudo en los nombres comerciales, en especial en los restaurantes: **Mario's Restaurant** o, lo que es más común, simplemente **Mario's**.)

Atención: **-'s** también puede ser la contracción de **is** (**Mario is Italian → Mario's Italian**). Por eso hemos preferido utilizar algunas contracciones en esta pequeña guía.

Practica – Traduce las siguientes frases

1. ¿De quién es este abrigo?
2. Mario es el restaurante favorito de mis padres.
3. **Whose are those passports? Are they his?**
4. **Is that Steve's passport? – No, it's mine.**

Soluciones

1. **Whose is this coat?**
2. **Mario's is my parents' favourite restaurant.**
3. ¿De quién son esos pasaportes? ¿Son suyos (de él)?
4. ¿Es ese el pasaporte de Steve? – No, es mío.

↗ 13er día

I don't want any
No quiero

1 **I want some coffee.**
*ai uant som **ko**fii*
Quiero café.

2 **I don't have any coffee today, but I have some tea.**
*ai doont Haf **e**ni **ko**fii tu**dei** bat ai Haf som tii*
No tengo café hoy, pero tengo té.

3 **No thanks, I don't want any.**
*nou Zanks ai dont uant **e**ni*
No, gracias, no quiero.

4 **Where can I find a café?**
*ueR kan ai faind a ka**fe***
¿Dónde puedo encontrar una cafetería?

5 **There aren't any cafés near here.**
*DeR aRent **e**ni ka**fes** ni a^R Hi^əR*
No hay cafeterías cerca de aquí.

Notas de gramática

Dos palabras muy importantes: **some** y **any**. Se aplican a las cantidades. **Some** se utiliza en una frase afirmativa para expresar una cantidad no precisa: **I have some English money**, *Tengo dinero inglés* (no sabemos cuánto). **Any** se emplea <u>siempre</u> en una frase negativa con el mismo sentido **We don't have any coffee**, *No tenemos café*.

También hemos conocido el verbo auxiliar **can**, *poder*. Muy útil, **can** tiene también la ventaja de tener solo una forma en presente (y no tener infinitivo):

$$\left.\begin{array}{l} \text{I} \\ \text{you} \\ \text{he/she/it} \\ \text{we} \\ \text{they} \end{array}\right\} \quad \text{can}$$

Si **can** va seguido de un verbo, este irá en infinitivo sin **to**: **you can find**, *puedes encontrar*.

Pronunciación: some se pronuncia exactamente como el nombre **a sum**, *una suma*, es decir *[som]*. La **a** de **any** se pronuncia como una **e**: *[eni]*.

Por último, observa que en inglés al establecimiento se le llama **café**, *cafetería*, mientras que a la bebida se le dice **coffee**, *café*.

Practica – Traduce las siguientes frases

1. No tenemos dinero inglés.
2. No hay autobuses hoy.
3. He wants some coffee.
4. But he doesn't want any tea.

Soluciones

1. We don't have any English money.
2. There aren't any buses today.
3. (Él) Quiere café.
4. Pero (él) no quiere té.

⬈ 14º día

Have you got any English money?
¿Tienes dinero inglés?

1 **Do you have any aspirin?**
du iu Haf eni asprin
¿Tienes (una) aspirina?

2 **No I haven't. I must buy some.**
nou ai Havent. ai mast bai som
No, no tengo. Tengo que comprar.

3 **Excuse me, have you got some mineral water?**
ekskius mii Haf iu got som mineral uort^eR
Disculpe, ¿tiene agua mineral?

4 **Does anybody here speak Spanish?**
das enibodi Hi^eR spiik spanish
¿Alguien aquí habla español?

5 **I Think there's someone in the turist office.**
ai Zink Ders somuan in De turist ofis
Creo que hay alguien en la oficina de turismo.

Notas de gramática

Veamos algunos detalles complementarios respecto a **some**, **any** y sus derivados.

Hay una ligera diferencia entre **Do you have any**… y **Do you have some**…: en el primer caso, no sabemos si la persona interrogada responderá sí o no, pero en el segundo, esperamos una respuesta positiva (por ejemplo, puedes preguntar **Do you have / Have you got some mineral water?** en un restaurante donde, lógicamente, te responderán "sí"). En la práctica, si confundes los dos, ¡nadie te dirá nada!

Estas reglas también se aplican a sus derivados **somebody** y **anybody**, *alguien* (**a body** significa *un cuerpo*). En nuestros ejemplos, hemos preguntado **Does <u>anyone</u> speak Spanish?** porque ignoramos si hay un hispanohablante, mientras que la frase afirmativa **I Think there is someone** sugiere que efectivamente hay uno.

Por último, además de **can**, hemos conocido el segundo verbo auxiliar importante: **must**, *deber*, *estar obligado a hacer alguna cosa*. Y como **can**, **must** solo tiene una forma en presente y no tiene infinitivo; el verbo que le sigue va en infinitivo sin **to**.

Practica – Traduce las siguientes frases
1. Tenemos que comprar agua mineral.
2. ¿Tienes dinero inglés? – No, no tengo.
3. I Think somebody in the turist office speaks Spanish.
4. Does anyone have any aspirin?

Soluciones
1. We must buy some mineral water.
2. Have you got any English money? – No I haven't.
3. Creo que en la oficina de turismo alguien habla español.
4. ¿Tiene alguien una aspirina?

Ya hace dos semanas que aprendes poco a poco las reglas de la gramátia inglesa. ¡Admite que no ha sido muy complicado! Ahora una semanita más y ya estarás listo/a para tu viaje…

⤴ 15° día

The train is slower than the plane
El tren es más lento que el avión

1 **What is the fastest way to get to Scotland?**
*uat is De **fa**test uei tu guet tu **skot**land*
¿Cuál es el medio más rápido (más rápido medio) *para ir a Escocia?*

2 **The train is slower than the plane but it's nicer.**
*De trein is **slou**eR Den De plein bat its **nai**seR*
El tren es más lento que el avión pero es más agradable.

3 **What's the most interesting place in Edinburgh?**
*uats De moost **in**tresting pleis in **ed**inbeR*
¿Cuál es el lugar más interesante de (el más interesante lugar en) *Edimburgo?*

4 **The castle is more interesting than the cathedral.**
*De **ka**sel is mor **in**tresting Dan De ka**Z**idral*
El castillo es más interesante que la catedral.

5 **And the best view is from Carlton Hill.**
*and De best viu is from **kal**ton Hil*
Y la mejor vista es desde Carlton Hill (colina).

Notas de gramática
Los adjetivos son invariables y se colocan delante del nombre que modifican. Para formar el comparativo (*más que…*) y el superlativo (*el más…*), hacemos la distinción entre adjetivos cortos (generalmente de una sílaba) y largos.
Corto: se añade **-er** al final de la palabra para el comparativo y **-est** para el superlativo:

slow (*lento*) → **slower** → **slowest**
fast (*rápido*) → **faster** → **fastest**

En el comparativo, el *que* del español se traduce por **than**: **slower than**. Y como en español, el superlativo va precedido del artículo definino: **the slowest**.

Si un adjetivo termina en una sola consonante predecida de una sola vocal, la consonante se dobla:
big (*grande*) → **bigger** (**than**) → (**the**) **biggest**.
Claro está, si el adjetivo ya termina en **-e**, basta con añadir **-r** y **-st**: **late** (*tarde*) → **later** → **latest**.
Los adjetivos más largos no cambian; van precedidos de **more** para el comparativo y **most** para el superlativo:
interesting (*interesante*) → **more interesting** (**than**); (**the**) **most interesting**.
Por último, al igual que en español, hay unas cuantas formas irregulares, de las cuales las más útiles son:
good (*bueno*) → **better** (**than**) (*mejor que*) → (**the**) **best** (*el mejor*);
bad (*malo*) → **worse** (**than**) (*peor*) → (**the**) **worst** (*el peor*).

Practica – Traduce las siguientes frases

1. El tren es más cómodo que el avión.
2. Pero la vista desde el avión es mejor.
3. The worst place in Edinburgh is the zoo!
4. What is the most interesting guide book?

Soluciones

1. The train is more comfortable than the plane.
2. But the view from the plane is better.
3. ¡El peor lugar de Edimburgo es el zoo!
4. ¿Cuál es la guía de viaje más interesante?

It's raining
Llueve

1 **Excuse me, I'm looking for the British Museum.**
*ekskius mii aim **luk**ing for De **bri**tish miu**si**-um*
Disculpe, estoy buscando el British Museum (museo británico).

2 **Take the Tube to Russell Square. Why are you waiting?**
*teik De tiub tu **ra**sel skueR. uai aR iu **uei**ting*
Tome el metro hasta Russell Square. ¿Por qué está esperando?

3 **Because it's raining.**
*bi**kos** its **rei**ning*
Porque llueve.

4 **Of course, it always rains in England in April.**
*of kors it **ol**-ueis reins in **in**gland in **ai**pril*
Por supuesto, siempre llueve en Inglaterra en abril.

5 **Where do you live?**
ueR du iu lif
¿Dónde vive (usted)?

6 **I live in Paris but I'm studying in Geneva.**
*ai lif in **pa**ris bat aim **sta**ding in djiniva*
Vivo en París pero estudio en Ginebra.

Notas de gramática

Hay dos formas para cada tiempo de un verbo: la simple, que ya conocemos, y la continua (o progresiva). Esta última se construye con el verbo auxiliar **to be** y el gerundio del verbo, que lleva la terminación **-ing**:

I	am	working
he/she/it	is	working
we/you/they	are	working

El presente continuo describe una acción que está en curso mientras se habla: **It's raining**, *Llueve en este momento*; **I'm looking for**, *Estoy buscando*, etc. Contrasta con la forma simple, utilizada para las acciones habituales: **I live in Paris** (*Vivo en París habitualmente*) **but I'm studying in Geneva** (*pero estudio en Ginebra es este momento*).

La negativa y la interrogativa se forman como de costumbre con el verbo **to be**:
Are you studying in Geneva?, *¿Estás estudiando en Ginebra?*
It is not raining, *No llueve (en este momento).*

Practica – Traduce las siguientes frases
(Utiliza la forma continua.)
1. ¿Por qué estudias inglés?
2. Disculpe, busco la estación de metro.
3. It doesn't always rain in London in August.
4. I am waiting for the bus.

Soluciones
1. Why are you studying English?
2. Excuse me, I'm looking for a Tube station.
3. No llueve siempre en Londres en agosto.
4. Espero el autobús.

↗ 17º día

Can you help me?
¿Me puede ayudar (usted)?

1   Can you help me?
kan iu Help mii
¿Me puede ayudar (usted)?

2   I'm trying to find the Pound Saver shop, but I can't.
*aim **tra**ying tu faind De paund **seiv**ᵉᴿ shop bat ai kant*
Estoy intentando encontrar la tienda Pound Saver ("ahorra-dor de libra") pero no lo consigo (no puedo).

3   I must get there before eight o'clock because it closes.
*ai mast guet DeR bi**for** eit o**klok** bi**kos** it **klou**ses*
Debo estar allí antes de las ocho* en punto porque cierra.

4   And I must not miss the sale.
and ai mast not mis De seil
Y no me puedo perder las rebajas (la venta).

5   Pound Saver is less expensive than a supermarket.
*paund **seiv**ᵉᴿ is les eks**pen**sif Dan a **su**peᴿ**ma**Rket*
Pound Saver es menos caro que un supermercado.

6   In fact it's the least expensive shop in the city.
*in fakt its De liist eks**pen**sif shop in De **si**ti*
De hecho, es la tienda menos cara de la ciudad.

* El contexto nos indica que se trata de las 20 h y no de las 8 h.

Notas de gramática

Una vez más nuestros dos auxiliares: **can** y **must**. No tienen ni infinitivo ni inflexión (= idénticos en todas las personas), y no tienen la forma del pasado. El verbo que les sigue va en infinitivo sin **to**: **We must go**, *Debemos irnos/marcharnos*; **They can help**, *Pueden ayudar*.

La negación es muy fácil: **cannot** (en una sola palabra) y **must not** (dos palabras). En el lenguaje hablado, se utilizan las contracciones: **can't** y **mustn't**.

Can expresa la posibilidad, el hecho de <u>poder</u> hacer algo: **Can you help me?**, *¿Me puede ayudar* (usted)?

Must expresa una obligación, el hecho de <u>deber</u> hacer algo. Corresponde también a *hay que*... **We must be at the airport at ten o'clock**, *Tenemos que estar en el aeropuerto a las diez en punto*.

Observa por último los comparativos **less** (seguido de **than**) y **the least**, que corresponden a *menos* (*que*) y *el menos*: **Pound Saver is less expensive than Smith's. It's the least expensive shop in the city**.

Practica – Traduce las siguientes frases

1. ¿Me puede ayudar (usted) a encontrar un supermercado?
2. No podemos llegar tarde. La tienda cierra a las ocho en punto.
3. The plane is less comfortable than the train.
4. Which is the least expensive hotel?

Soluciones

1. Can you help me find a supermarket?
2. We mustn't be late. The shop closes at eight o'clock.
3. El avión es menos cómodo que el tren.
4. ¿Cuál es el hotel menos caro?

↗ 18º día

I was so angry
Estaba tan enfadada

1 I called the airline to change our booking.
   ai kold De eirlain tu cheinch auer buking
   Llamé a la aerolínea para cambiar nuestra reserva.

2 The agent said no.
   De eiyent sed nou
   El agente dijo que no.

3 I was so angry that I wanted to scream.
   ai uas sou angrii Dat ai uonted tu skriim
   Estaba tan enfadada que quería gritar.

4 So what did you do?
   sou uat did iu du
   ¿Y qué hiciste?

5 I had a cup of tea. Then I screamed!
   ai Had a kap of tii. Den ai skriimd
   Me tomé una taza de té. ¡Después grité!

Notas de gramática

Este es el pretérito, o "pasado simple". Expresa una acción que ha tenido lugar en el pasado, que ha ternimado y que no tiene ninguna conexión con el presente.

Este tiempo es idéntico en todas las personas. Para los verbos regulares, añadimos **-ed** al infinitivo sin **to** (o solo **-d** si termina en **-e**). Ejemplo, con **to want**, *querer*:

I, you, he/she/it
we, they } **wanted**

Para los verbos regulares que terminan en **-y** precedida de una <u>consonante</u>, se cambia la **y** por **e**: **to try → tried** (ver el presente: **I try → he tries**). Si la **-y** va precedida de una <u>vocal</u>, no cambia, salvo en algunas palabras muy comunes, donde se convierte en una **i**, entre otros **to say** (*decir*) → **said**.

La negativa y la interrogativa siguen el mismo modelo que el presente, pero poniendo **do** en pasado → **did**:
He tried → He did not try; She asked → Did she ask?
Por supuesto, también aquí hay contracciones: **did not → didn't**; **was not → wasn't**.

Como todos los idiomas, el inglés tiene cierto número de verbos irregulares. He aquí tres de los verbos irregulares más comunes. Todos son auxiliares:

	to be *(ser/estar)*	to do *(hacer)*	to have *(tener)*
I/he/she/it	was	did	had
we/you/they	were		

Practica – Traduce las siguientes frases
1. Decían que no era posible.
2. Ella estaba muy enfadada pero no gritó.
3. Did you call the airline?
4. What did she do? – She changed her booking.

Soluciones
1. They said that it wasn't possible.
2. She was very angry but she didn't scream.
3. ¿Llamaste a la aerolínea?
4. ¿Qué hizo ella? – (Ella) Cambió la reserva.

↗ 19° día

I haven't visited Brighton
No he visitado Brighton

1 **I have travelled around the south of England.**
  ai Haf traveld aRound De sauZ of ingland
  He viajado por (alrededor de) el sur de Inglaterra.

2 **But I haven't visited Brighton.**
  bat ai Havent visitid braiten
  Pero no he visitado Brighton.

3 **Have you heard of the Royal Pavilion?**
  Haf iu Herd of De roial pavilien
  ¿Has oído [hablar] del Royal Pavilion?

4 **No, I haven't. Where is it?**
  no ai Havent. ueR is it
  No (no he). ¿Dónde está?

5 **In the centre. It was started in 1787 and finished in 1823.**
  in De senteR. it uas staRted in seventiin eitii seven and finisht in eitiin tuentii Zrii
  En el centro. Se comenzó [a construir] en 1787 y se terminó en 1823.

Notas de gramática

Hemos aprendido que la acción descrita por el pretérito no tiene ninguna conexión con el presente. En cambio, el pasado compuesto, también llamado **present perfect**, se emplea si la acción de la que se habla ha comenzado en el pasado pero todavía continúa (de ahí la noción de presente) o si no se conoce el momento en que tuvo lugar.

El **present perfect** se forma con el auxiliar **have/has** y el participio pasado del verbo en cuestión (idéntico al pasado simple para los verbos regulares): **I have visited Brighton**; **she has travelled**, etc.

Las formas negativa e interrogativa se forman como de costumbre (la primera con **not**, y la segunda invirtiendo el orden de las palabras):

I haven't visited; **she hasn't travelled**.
Have I visited?; **has she travelled?**

El equivalente español es el pretérito perfecto. Observa:

I have travelled, **I haven't visited**: las acciones continúan –nuestro interlocutor todavía está viajando y persiste el hecho de que no ha visitado Brighton.

Have you heard...?: no sé si ya has oído hablar de esta ciudad, así que no se puede utilizar el pasado simple (**heard** es el participio pasado del verbo irregular **to hear**, *oír*).

It was started/finished: aquí, conozco las fechas y las dos acciones han acabado.

Practica – Traduce las siguientes frases

1. ¿Has visitado el Royal Pavilion?
2. ¿Ha viajado ella por Inglaterra?
3. **The match started at ten o'clock and finished at eleven forty.**
4. **He hasn't heard of Brighton!**

Soluciones

1. **Have you visited the Royal Pavilion?**
2. **Has she travelled around England?**
3. El partido comenzó a las diez y terminó a las once cuarenta.
4. ¡Él no ha oído hablar de Brighton!

↗ 20º día

To send a letter, you'll need a stamp
Para enviar una carta necesitarás un sello

1 **If you want to send a letter, you'll need a first-class stamp.**
*if iu uant tu send a **let**ᵉᴿ iul nid a feRst klas stamp*
Si quieres enviar una carta, necesitarás un sello [de] primera clase.

2 **But if you send a postcard, it's cheaper.**
*bat if iu send a **poust**kaᴿd its **ship**ᵉᴿ*
Pero si envías una postal, es más barato.

3 **Will you lend me fifty pence? I don't have any change.**
*uil iu lend mii **fift**ii pens. ai doont Haf **e**nii cheinch*
¿Me prestarás 50 peniques? No tengo cambio.

4 **If I lend it to you, will you pay me back?**
if ai lend it tu iu uil iu pei mii bak
Si te lo presto, ¿me lo devolverás?

5 **Of course I will!**
of kors ai uil
¡Por supuesto que sí (lo haré)!

Notas de gramática

Aquí tienes el primer condicional, que funciona exactamente como en español para expresar el resultado conocido de una condición previa: **If** + presente + futuro: **If you come to the party, you will see her**, *Si vienes a la fiesta, la verás*. Simple, ¿no? La negación es igual de sencilla: **If you don't come to the party, you will not see her**.

Observa que, según el contexto, **will** puede expresar la voluntad: **Will you lend me...?**, *¿Me prestarías...?*; **They won't help me**, *Ellos no me quieren ayudar*. Esta formulación es muy útil para hacer preguntas a tu interlocutor (con **you**): **Will you let me take a photo?**, *¿Me dejarías hacer una foto?*

Y por último, observa la repetición **Will you...? Of course I will**.

Practica – Traduce las siguientes frases
1. Si te dejo el dinero, ¿me lo devolverás?
2. ¿Llegará (él) a tiempo? – ¡Seguro que no!
3. If she doesn't come, she won't see him.
4. Will you let them come to the party?

Soluciones
1. If I lend you the money, will you pay me back?
2. Will he arrive in time? – Of course he won't!
3. Si ella no viene, no le verá.
4. ¿Les dejaríais venir a la fiesta?

Would you like something to drink?
¿Querrías beber algo?

1 Would you like something to drink?
*uud iu laik **som**Zing tu drink*
¿Querrías beber algo (te gustaría algo a beber)?

2 I'd love a banana smoothie.
*aid lof a ba**na**na **smu**Dii*
Me encantaría un batido de plátano.

3 If I had any bananas, I would make you one.
*if ai Had **e**ni ba**na**nas ai uud meik iu uan*
Si tuviera plátanos, te haría uno.

4 I could try using peaches.
*ai kud trai **iu**sing **pii**tches*
Podría probar [con] (a utilizar) melocotones.

5 You wouldn't know the difference.
*iu **uu**dent nou De **dif**ªrens*
No notarías (sabrías) la diferencia.

6 You should try a peach smoothie; you would like it.
*iu shud trai a piitch **smu**Dii. iu uud laik it*
Deberías probar un batido de melocotón; te gustaría.

Notas de gramática
Estas son otras formas condicionales:
Would, que viene de **will**, es invariable: **I, he/she/it, we, you, they would like**...

La negativa y la interrogativa se forman como de costumbre (con **not**, y la inversión): **He would not like / Would he like... ?** etc. La contracción se forma con **-'d** en indicativo: **I'd**, **we'd**, etc., y siempre con **-n't** en negativo: **wouldn't**.

Se utiliza **would** seguido del infinitivo sin **to** para formar el segundo condicional (la segunda acción solo es posible si la primera condición se cumple). La estructura es la misma que en español: **if** + pasado simple + condicional: **If I <u>had</u> the money, I <u>would travel</u> first class**, *Si yo tuviera dinero, viajaría en primera clase.*

Could es a la vez el pretérito y el condicional de **can**. Es muy útil para formular preguntas en un registro formal: **Could you help me, please?**, *¿Podría ayudarme, por favor?*

Por último, **should** expresa una sugerencia, un consejo o una obligación condicional: **You should buy these bananas; they're delicius**, *Deberías comprar estos plátanos; están deliciosos.*

Practica – Traduce las siguientes frases
1. ¿Podría ayudarme, por favor?
2. ¿Querrían (ellos) beber algo?
3. If she had the money, she would travel first class.
4. She should try a peach smoothie; she'd like it.

Soluciones
1. **Could you help me, please?**
2. **Would they like something to drink?**
3. Si ella tuviera dinero, viajaría en primera clase.
4. Ella debería probar un batido de melocotón; le encantaría.

Conversación

↗ **Primeros contactos**

Como el inglés no tiene tuteo, los saludos se distinguen sobre todo por el nivel del lenguaje (formal, familiar, etc.). Como ya hemos dicho, en esta guía utilizaremos tanto tú como usted, teniendo en cuenta el contexto.

Igualmente, como los nombres no tienen género, el artículo definido (**the**) es invariable. Por esta razón, salvo excepciones, indicaremos el artículo indefinido, que varía si va seguido de una vocal (**an**) o de una consonante (**a**).

Saludos

Adiós.	**Goodbye.**	*gudbai*
	Bye-bye. (informal)	*bai-bai*
	Cheers. (argot)	***chi*[R]*s*
Bienvenido.	**Welcome.**	***uelko***m
Buenas noches.	**Good evening.** (desde las 17 h)	*gud **iv**ning*
Buenas noches.	**Good night.** (solo para despedirse hasta el día siguiente)	*gud nait*
Buenos días.	**Good morning.** (hasta mediodía)	*gud **mo**[R]ning*
	Good afternoon. (hasta las 17 h)	*gud aft*[eR]***nun***
	Hello. (más familiar)	*He**lou***
Hasta luego.	**See you soon.**	*sii iu suun*
Hola.	**Hi/Hiya.**	*Hai/**Hai**-a*

Quizá también escuches **Take care**, que significa literalmente *Ten cuidado / Cuídate*, pero en la práctica, es una manera amable de despedirse de alguien.

La fórmula *¡Buen… (día, semana, fin de semana, etc.)!* también es muy común en inglés. Así, podemos desear a alguien:

¡Que tengas un buen día!
Have a nice day!
Haf a nais dei
(ten un agradable día)

Títulos

Damas y caballeros	Ladies and gentlemen	*leidis and* **yent**ᵉ*lmen*
Señor	**Mister** (forma abreviada escrita: **Mr**)	*mist*ᵉR
Señora	**Missus** (forma abreviada escrita: **Mrs**)	*misis*
Señorita	**Miss**	*mis*

Mister y **missus** (pero no **miss**) van seguidos siempre del apellido. Al igual que en español –damas y caballeros– no se utilizan para dirigirse a una persona. Si quieres llamar la atención de alguien, debes utilizar **Sir** para un hombre y **Madam** para una mujer.

También existe la palabra **Ms** (pronunciada *[mis]*), que no precisa el estado civil de una mujer (igual que **Mister** para los hombres). Sin embargo, esta forma se utiliza sobre todo en la correspondencia oficial escrita o en un registro formal (ver pp. 142-143).

Acuerdo, desacuerdo, cortesía

De acuerdo.	**OK.**	*o kei*
De nada.	**Don't mention it.**	*dont **men**shon it*
Disculpe/Perdón. (reclamar atención)	**Excuse me.**	*ekskius mii*
Estoy de acuerdo.	**I agree.**	*ai a**grii***
Gracias.	**Thank you/Thanks.** (más familiar)	*Zank iu/Zanks*
Muchas gracias.	**Thank you very much.**	*Zank iu **ve**ri mach*
Lo siento/Perdón.	**Sorry.**	*soRi*
No	**No**	*nou*
No estoy de acuerdo.	**I don't agree/ I disagree.**	*ai dont a**grii** ai **dis**agrii*
No, gracias.	**No, thank you / No thanks.** (más familiar)	*nou Zank iu nou Zanks*
Por favor.	**Please.**	*pliis*
Quizá(s).	**Perhaps/Maybe.**	*peR**Haps**/**mei**bii*
Sí	**yes**	*ies*

Recordemos que a los británicos les resulta un poco brusco responder solo con un **yes** o con un **no**; por eso acostumbran a añadir un auxiliar (ver la lección 5 de iniciación).

Preguntas, respuestas

¿Cómo?	**How?**	*Hau*
¿Cuándo?	**When?**	*uen*
¿Cuánto?	**How much?** (número incontable)	*Hau mach*
	How many? (número contable – ver la lección 11 de iniciación)	*Hau **me**ni*
¿Dónde?	**Where?**	*ueR*

¿Por qué?	**Why?**	*uai*
¿Qué?	**What?**	*uat*
¿Quién?	**Who?**	*Hu*

Lenguaje corporal

Si necesitas señalar el número dos con los dedos, evita presentar el dorso de la mano con el índice y el corazón extendidos hacia tu interlocutor. Se trata de un gesto obsceno (generalmente acompañado de una imprecación del tipo *Vete a la mierda…*).

Idiomas y comprensión

¿Hablas…?	**Do you speak…?**	*du iu spiik*
alemán	**German**	*yerman*
español	**Spanish**	*spanish*
francés	**French**	*french*
italiano	**Italian**	*italian*
ruso	**Russian**	*rashan*

Yo no hablo inglés.
I do not speak English.
ai du not spiik inglish

No comprendemos.
We do not understand.
ui du not andeRstand

¿Qué has dicho?
What did you say?
uat did iu sei

¿Puedes repetir despacio, por favor?
Will you repeat slowly, please?
uil iu ripit slouli plis

↗ Encuentro y presentación

Encontrarse

Los británicos generalmente son menos formales que los españoles en los contactos habituales. Te llamarán por el nombre incluso aunque no te conozcan (por ejemplo, si llamas por teléfono para pedir información). Y en un registro informal, corres el riesgo de que te traten de **dear**, (*querido/a*), **darling** (*cariño*) ¡o incluso **duck** (*pato*)! No se trata de una familiaridad descarada, sino simplemente de una manera más calurosa de dirigirse a su interlocutor. No obstante, evita utilizarlo hasta que domines el idioma.

¿Cómo está(s)?	How are you?	Hau aR iu
	How do you do? (muy formal)	Hau du iu du
¿Cómo te llamas?	What is your name?	uat is ior neim
Bien, gracias, ¿y tú?	Very well thanks.	**ve**ri uel Zanks
	And you?	end iu
Deja que te presente a...	Let me introduce...	let mii **in**trodius
mi amigo/a.	my friend.	mai frend
mi hermana.	my sister.	mai **sist**eR
mi hermano.	my brother.	mai **bro**DeR
mi hija.	my daughter.	mai **dot**eR
mi hijo.	my son.	mai son
mi marido.	my husband.	mai **Has**band
mi mujer.	my wife.	mai uaif
mi novio/a.	my girlfriend/my boyfriend.	mai **gueRl**frend/mai **boi**frend
mi prometido/a.	my fiancé(e).	mai fian*se*
mis padres.	my parents.	mai **pa**rents
Encantado/a.	Pleased to meet you.	plisd tu mit iu

Decir el origen

¿De dónde eres?
Where are you from?
ueR aR iu from
(dónde eres tú de)

Para evitar el uso de los gentilicios, puedes responder con el país de origen.

Soy de Argentina.
I am from Argentina.
ai am from Aryentina

Somos de Chile.
We're from Chili.
*uiR from **Chili***

Él es de México.
He's from Mexico.
*Hiis from **Mek**siko*

¿Dónde vives?
Where do you live?
ueR du iu lif

¿Cuál es tu dirección?
What is your address?
*uat is ior a**dres***

Esta es mi dirección postal/mi correo electrónico (dirección):
Here is my postal address/my email (address):
*Hi*ªR *is mai **pou**stal a**dres**/**ii**meil (a**dres**)*

¿Estás en Facebook?
Are you on Facebook?
*aR iu on **feis**buk*

Esta lista te ayudará a decir de dónde vienes:

Alemania	**Germany**	**ye**^{R}**mani**
Argentina	**Argentina**	*aryen***tina**
Austria	**Austria**	**os**tria
Bélgica	**Belgium**	**beld**yum
Chile	**Chili**	**chi**li
China	**China**	**chai**na
España	**Spain**	s**pein**
Francia	**France**	fraans
Grecia	**Greece**	griis
Holanda/Países Bajos	**Holland/ The Netherlands**	**ho**land/ De ne**D**^{eR}lands
Hungría	**Hungary**	**hon**grii
India	**India**	**in**dia
Inglaterra/Gran Bretaña	**England/Britain**	**in**gland/**bri**tein
Italia	**Italy**	i**ta**lii
Japón	**Japan**	ya**pan**
México	**Mexico**	**Mek**siko
Rusia	**Russia**	**ra**shia
Suiza	**Switzerland**	**suits**^{eR}land
Tailandia	**Thailand**	**tai**land
Turquía	**Turkey**	**tar**kii

Decir la edad

Busca "Contar en inglés" en las solapas de la portada para ver la tabla de números.

En inglés, se "es" la edad: utilizamos el verbo **to be** (*ser/estar*), y no **to have** (*tener*) como en español. Por otro lado, basta con decir el número sin necesidad de precisar que se trata de años:

¿Cuántos años tienes?	*Tengo veinte.*
How old are you?	**I am twenty.**
Hau old aR iu	*ai am **tuen**tii*
(cuánto viejo eres tú)	(yo soy veinte)
¿Cuántos años tiene él/ella?	*Él/Ella tiene cinco.*
How old is he/she?	**He/she is five.**
Hau old is Hii/shii	*Hii/shii is faif*

Familia

Para hablar de tu situación familiar:

Estoy...	I am...	ai am
casado/a.	married.	**ma**ried
divorciado/a.	divorced.	di**vorst**
en pareja.	in a relationship.	in a re**lei**sh'onship
soltero/a.	single.	**sin**guel
viudo/a.	a widow/widower.	a **ui**dou/**ui**dou^eR

Si quieres hablar de tus hijos...

Tenemos tres hijos.	We have three children.	ui Haf Zrii **chil**dren
Tengo un hijo.	I have one child.	ai Haf uan chaild

Tenemos...	We have...	ui Haf
un hijo.	a son.	a son
un niño (varón).	a boy.	a boi
una hija.	a daughter.	a **dogt**^{eR}
una niña.	a girl.	a **gueRl**

He aquí otros términos relativos a la familia y a la edad:

abuela	**grandmother**	**grand**maD^{eR}
abuelo	**grandfather**	**grand**faD^{eR}
adolescente	**teenager**	**tii**naiy^{eR}
bébé	**baby**	**bei**bi
gemelos/as	**twins**	tuins
madrastra	**step-mother** (por adopción)	step **moD**^{eR}
madre	**mother**	**moD**^{eR}
mamá/mami	**mum/mummy**	mam/**ma**mi
padrastro	**step-father** (por adopción)	step **faD**^{eR}
padrastros	**step-parents** (por adopción)	step **parents**
padre	**father**	**faD**^{eR}
padres	**parents** (padre, madre)	**parents**
papá	**dad/daddy**	dad/**da**di
parientes	**relations** (parientes cercanos)	re**lei**sh^{i}ons
primo/a	**cousin**	**ko**sin
sobrino/a	**nephew/niece**	**ne**fiiu/niis
suegra	**mother-in-law** (por alianza)	**maD**^{eR} in lo
suegro	**father-in-law** (por alianza)	**faD**^{eR} in lo
suegros	**parents-in-law** (por alianza)	**parents** in **lo**
tío/a	**uncle/aunt**	**ank**^{e}l/aant

Empleos, actividades, estudios

Ahora vas a ver el vocabulario para hablar de un oficio o de los estudios. Observa que siempre se pone el artículo indefinido (**a**/**an**) delante del nombre de una profesión.

¿Cuál es tu trabajo?	**What is your job?**	*uat is ior yob*
¿Para quién trabajas?	**Who do you work for?**	*Hu du iu uork for*
¿Qué haces (para vivir)? (¿A qué te dedicas?)	**What do you do (for a living)?**	*uat du iu du (for a **li**ving)*

Soy...	**I am...**	*ai am*
abogado.	**a lawyer/legal adviser.**	*a **loi**eR/**li**gal ad**vais**eR*
actor.	**an actor.**	*an **akt**oR*
administrativo.	**a clerk.**	*a **kleRk***
artesano.	**a craftsman.**	*a **krafts**man*
bombero.	**a firefighter.**	*a **fai**eR**faite**R*
chófer de autobús/ conductor de camión/ taxista.	**a bus/lorry/taxi driver.**	*a bas/**lo**rii/**tak**sii **drai**veR*
cocinero.	**a cook.**	*a kuk*
contable.	**an accountant.**	*an a**kaun**tant*
electricista.	**an electrician.**	*an elek**tri**shian*
enfermero.	**a nurse.**	*a neurs*
farmacéutico.	**a pharmacist.** (también llamado a **chemist**)	*a fa^R**me**sist / a **ke**mist*
fontanero.	**a plumber.**	*a **plam**eR*
informático.	**a computer specialist/ an IT specialist.**	*a kom**piu**eR **spe**shialist an ai tii **spe**shialist*
ingeniero.	**an engineer.**	*an indyi**ni**eR*
maestro.	**a primary school teacher.**	*a **prai**mari skul **titch**eR*
médico.	**a doctor.**	*a **dok**teR*

obrero.	a workman.	a *uork*man
periodista.	a journalist.	a *dyour*nalist
policía.	a police officer.	a *poliis ofis*
profesor.	a teacher.	a *titch*eR
secretario.	a secretary.	a *sek*retri
vendedor.	a salesperson.	a *seils*peRson

La mayoría de los nombres que aparecen aquí se aplican tanto para hombres como para mujeres, por ej.: **a pharmacist**, *un(a) farmacéutico(a)*. (Pedimos disculpas a los profesionales que no aparecen en la lista.)

Yo soy estudiante.
I am a student.
*ai am a **stu**dent*

¿Dónde/Qué estudias tú?
Where/what are you studying?
*ueR/uat aR iu **sta**diing*

Estoy en paro en este momento.
I am unemployed at the moment.
*ai am anem**ploid** at De **mo**ment*

Religiones

El anglicanismo es reconocido como la iglesia oficial (o **esta-blished church**, *iglesia establecida*) en Inglaterra desde la ruptura con Roma en el siglo XVI. El monarca es el gobernador supremo y "defensor de la fe". Por esta razón, encontramos la inscripción **Fid. Def.**, o **FD**, *fidei defensor*, en todas las monedas. En Escocia, la iglesia presbiteriana (**Church of Scotland**) es la confesión dominante (el monarca no juega ningún papel) mientras que en Gales no hay iglesia oficial.

Además de los católicos, Gran Bretaña tiene grandes comunidades de musulmanes, judíos, hinduistas y sijs, entre otros. Por útlimo, casi medio millón de personas se declara de confesión "Jedi", como los caballeros ficticios de la saga cinematográfica *La guerra de las galaxias*. ¿Humor británico?

Yo soy...	I am...	*ai am*
anglicano/a.	**Anglican, C of E** (por **Church of England**).	*Anglikan, sii of ii*
ateo/a.	**atheist.**	*eiZiist*
budista.	**Buddhist.**	*budist*
católico/a.	**Catholic.**	*kaZᵉlik*
judío/a.	**Jewish.**	*dyuish*
musulmán/a.	**Muslim.**	*muslim*
chií.	**Shiite.**	*shiiait*
sunita.	**Sunni.**	*sunii*

¿Dónde puedo encontrar...?	Where can I find...?	*ueR kan ai faind*
un templo	a temple	*a tempᵉl*
una iglesia	a church	*a chaᴿch*
una mezquita	a mosque	*a mosk*
una sinagoga	a synagogue	*a sinagog*

Hablar del tiempo

El tiempo es un tema de conversación inagotable para los habitantes de las islas británicas. Algunos atribuyen esta predilección debido a que las condiciones climáticas pueden variar enormemente; otros ven en ello una manera de superar la reserva natural de los ingleses a entablar una conversación con sus conciudadanos. Cualquier comentario de origen "meteorológico" te permitirá intercambiar unas palabras con un vecino.

Para hablar del tiempo, se utiliza el verbo **to be**, *estar* (en lugar de *hacer*):

Hace...	It is...	it is
calor.	hot.	Hot
fresco.	cool.	kul
frío.	cold.	kold
mucho frío.	chilly.	**tchi**li

la nieve	the snow	De snou
el sol	the sun	De san
el tiempo	the weather	De **ue**D^eR
el viento	the wind	De uind
el hielo	the ice	Dii ais

Los nombres se pueden transformar en adjetivos añadiendo el sufijo **-y**: **wind → windy** (*ventoso*).

¡Qué bonito día!	**What a beautiful day!**	uat a **biu**tiful dei
¡Qué horrible tiempo!	**What horrible weather!**	uat **HoRib**°l **ue**D^eR
¿Has visto el parte meteorológico?	**Have you heard a weather forecast?**	Haf iu Herd a **ue**D^eR **for**kaast
¡Está helando!	**It's freezing!**	its **friis**ing
¡Es abrasador! (fam.)	**It's roasting!**	its **rous**ting

Gran Bretaña se pasó oficialmente al sistema métrico después de treinta años, pero algunos hábitos tardan en desaparecer: por eso, todavía hay gente –y algunos medios de comunicación– que hablan en grados Fahrenheit. Así que, si escuchas **The temperature is in the nineties** (*La temperatura está alrededor de los 90°*), no te preocupes: se refiere a 90 grados Fahrenheit, o sea 32°C.

Impresión y sentimientos

Yo estoy/ Nosotros estamos...	I am/We are...	ai am/ui aR
contento(s), feliz/felices.	happy.	**Ha**pii
decepcionado(s).	disappointed.	disa**poin**ted
descontento(s).	unhappy.	an**Ha**pii
encantado(s).	delighted.	di**lai**ted
triste(s).	sad.	sad

Es...	It is...	it is
bonito.	beautiful.	**biu**tiful
extraño.	strange.	streinch
horrible.	horrible.	**Ho**rib°l
impresionante.	impressive.	im**pres**if
insólito.	unusual.	a**niu**shual
feo.	ugly.	**ag**lii
magnífico.	magnificent.	mag**ni**fisent

Invitación, salida

Para invitar o responder:

Me gustaría invitarte/le...	I would like to invite you ...	ai uud laik tu inn**vait** iu
a beber algo.	for a drink.	for a drink
a comer.	to lunch.	tu lanch
a cenar.	to dinner.	tu **din**eR
a una fiesta.	to a party.	tu a **pa**Rtii
a una discoteca.	to a club.	tu a klab
... esta noche.	... this evening/tonight.	Dis **if**ning/**tu**nait

Solos tú y yo.
Just you and me.
dyast iu and mii

Estaré con amigos.
I will be with some friends.
ai uil bii uiZ som frends

Pasaré a recogerte a las ocho.
I will pick you up at eight o'clock.
*ai uil pik iu ap at eit o**klok***

Lo siento, pero estoy ocupado(a) este mediodía/noche.
Sorry, but I am busy this lunchtime/evening.
***so**Rii bat ai am **bis**ii Dis **lanch**taim/**if**ning*

Otra vez será.
Maybe another time.
***mei**bii a**noD**ᵉᴿ taim*

Me encantaría.
I would love to.
ai uud lof tu

Una cita

¿Puedo ofrecerte algo de beber?
Can I buy you a drink?
kan ai bai iu a drink
(puedo comprar a ti una bebida)

Estoy acompañado(a).
I am with someone.
*ai am uiZ **som**uan*

¿Bailas?
Would you like to dance?
uud iu laik tu dans

¿Te gusta la música?
Do you like this music?
*du iu laik Dis **miu**sik*

Vayamos a algún sitio.
Let's go somewhere else.
*lets gou **som**uer els*

Eres muy amable.
You are very cute.
*iu aR **ve**rii kiut*

Estoy esperando a mi novia*/novio.
I am waiting for my girlfriend*/boyfriend.
ai am ueiting for mai gue^Rlfrend/boifrend
*Dicho por una mujer, **a girlfriend** puede significar simplemente *una amiga.*

¿Me das tu teléfono?
Can I have your phone number?
kan ai Haf ior foun namb^eR

¿Te puedo acompañar a casa?
May I take you home?
mei ai teik iu Houm

El amor

– *Te quiero.* – *Yo también.*
– I love you. – Me too.
ai lof iu – mii tu

¿Tomas la píldora?
Are you on the Pill?
aR iu on De pil

¿Tienes un preservativo?
Do you have a condom?
du iu Haf a kondom

Para, por favor.
Please stop.
plis stop

↗ El tiempo, las fechas, las fiestas

Decir la hora

Por regla general, el horario de 24 horas solo se utiliza para los transportes de larga distancia (tren, avión). En el lenguaje común, se utilizan las cifras hasta el doce. Así **10 o'clock** puede referirse tanto a las 10 de la mañana como a las 10 de la noche. Si hace falta precisar si se trata de la mañana o de la noche, se añade

in the morning (*de la mañana*) o **in the evening** (*de la noche*),
o incluso, respectivamente, **a.m.** *[ei-em]* o **p.m.** *[pii-em]*, del latín
ante meridiem y post meridiem.

Son las nueve.	It's nine o'clock.*	*its nain o**klok***
Son las nueve y cuarto (de la noche).	It's quarter past nine (in the evening)	*its kuort^eR past nain (in De ifning)*
Son las diez y media.	It's half past ten.	*its haf past ten*
Son las diez menos diez.	It's ten to ten.	*its ten tu ten*
Son las diez y veinte.	It's twenty past ten.	*its **tuentii** past ten*
Son las doce (mediodía).	It's noon.	*its nun*

*o'clock ("de reloj") solo se utiliza para las horas en punto, pero también se
puede omitir: **It's ten**.

un cuarto de hora	a quarter of an hour	*a kuort^eR of an au^eR*
media hora	a half hour	*a Haf au^eR*
una hora (60 minutos)	an hour	*an ao^eR*
la hora (posición en el reloj)	the time	*De taim*
un segundo	a second	*a sekond*
un reloj	a clock	*a klok*
un reloj de pulsera	a watch	*a uatch*
un despertador	an alarm clock	*an ala^Rm klok*

mañana	a morning	*a morning*
tarde	an afternoon	*an aft^eRnun*
tarde-noche	an evening	*an ifning*
noche	a night	*a nait*
mediodía	midday/noon	*mid-dei/nun*
medianoche	midnight	*midnait*

¿Cuándo?
When?
uen

¿Cuánto tiempo...? (duración)
How long...?
Hau long

¿Qué hora es?
What time is it?
uat taim is it

¿A qué hora sale el autobús?
What time does the bus leave?
uat taim das De bas lif

¿Cuánto dura el vuelo?
How long is the flight?
Hau long is De flait

Hasta/A partir de las diez.
Until/From ten.
antil/from ten

Cada media hora/hora.
Every half hour/hour.
evrii Haf ao^{eR}/ao^{eR}

Él/Ella/ello llega temprano/tarde.
He/she/it is early/late.
Hii/shii/it is erli/leit

Sé puntual, por favor.
Please be on time.
plis bii on taim

Decir una fecha

¿Qué día es hoy?
What is the date today?
*uat is De dait to**dei***

lunes	**Monday**	***mon**dei*
martes	**Tuesday**	***tius**dei*
miércoles	**Wednesday**	***uens**dei*
jueves	**Thursday**	***Zers**dei*
viernes	**Friday**	***frai**dei*
sábado	**Saturday**	***sat**eRdey*
domingo	**Sunday**	***san**dei*

El próximo miércoles.
Next Wednesday.
*nekst **uens**dey*

El sábado pasado.
Last Saturday.
*last **sat**eRdey*

enero	**January**	***dyan**uarii*
febrero	**February**	*feb*Ra*ri*
marzo	**March**	*ma*R*ch*
abril	**April**	***eip**ril*
mayo	**May**	*mei*
junio	**June**	*dyun*
julio	**July**	*dyu**lai***
agosto	**August**	***o**gost*
septiembre	**September**	*sep**temm**beR*
octubre	**October**	*ok**tob**eR*
noviembre	**November**	*no**vemb**eR*
diciembre	**December**	*di**semb**eR*

Los meses y los días de la semana se escriben <u>siempre</u> con mayúscula inicial. Se utilizan los números ordinales (por ej.: el primero, el segundo…) en la lengua hablada, pero no necesariamente en la escrita.

El 10 de marzo.
10 March / 10th March *(escrito)*
the tenth of March *(hablado)*
De tenZ of maᴿch

El 1 de agosto.
1 August / 1st August *(escrito)*
the first of August *(hablado)*
*De ferst of **o**gost*

Hoy es 15 de abril.
Today is the fifteenth of April.
*tu**dei** is De fif**tiinZ** of **ei**pril*

El museo está cerrado los domingos entre septiembre y mayo.
The museum is closed on Sundays between September and May.
*De miu**si**um is klousd on **san**deis bi**tuin** septemb**ᵉᴿ** and mei*

Vocabulario del tiempo, los días y las estaciones

un día	**a day**	*a dei*
un día laborable	**a business day**	*a **bis**nes dei*
una semana	**a week**	*a uik*
un fin de semana	**a weekend**	*a **uik**end*
un mes	**a month**	*a monZ*
un año	**a year**	*a yiaR*
una estación	**a season**	*a **sis**on*

Si quieres precisar que se trata de un solo día, año, etc., utiliza la cifra **one** en lugar de **a/an**.

Nos quedamos una semana y tres días.
We are staying one week and three days.
*ui aR **stei**ng uan uik and Zri deis*

hoy	today	*tu**dei***
mañana	tomorrow	*tu**mo**Rou*
ayer	yesterday	*ies**te**ᴿdei*
pasado mañana	the day after tomorrow	*De dei **aft**eᴿ tu**mo**Rou*
antes de ayer	the day before yesterday	*De dei bi**for** ies**te**ᴿdei*

Perdí mi cartera anteayer.
I lost my wallet the day before yesterday.
*ai lost mai **uo**let De dei bi**for** ies**te**ᴿdei*

El ticket es válido solamente hoy y mañana.
The ticket is valid today and tomorrow only.
*De **ti**ket is **va**lid tu**dei** and tu**mo**Rou **on**li*

primavera	spring	*spring*
verano	summer	***sam**eᴿ*
otoño	autumn	***o**tom*
invierno	winter	***uint**eᴿ*

después	after	***aft**eᴿ*
antes	before	*bi**for***
de vez en cuando	from time to time	*from taim tu taim*
jamás	never	***nev**eᴿ*
ahora	now	*nau*

más tarde	**later**	*leit^{eR}*
a menudo	**often**	*ofen*
enseguida	**straight away/at once**	*streit auei/at uans*

Para decir *una vez* y *dos veces*, el inglés dispone de dos palabras específicas: **once** *[uans]*, y **twice** *[tuais]*, respectivamente. El resto es regular: **three times**, **four times**, etc. Observa que **at once** significa *enseguida*.

Las estaciones más agradables son la primavera y el otoño.
The nicest seasons are spring and autumn.
*De **nai**sest **siso**ns aR spring and **o**tom*

Hemos visitado la ciuad una o dos veces ya.
We have visited the city once or twice already.
*ui Haf **vis**ited De **si**ti uans or tuais ol**Re**di*

Debemos irnos enseguida.
We have to leave at once.
ui Haf tu lif at uans

Días festivos

Además de los **public holidays** (Navidad, etc.) Gran Bretaña cuenta con otros tres días festivos variables, llamados **bank holidays** (debido a que, en origen, todos los bancos cerraban y por eso el comercio se paraba). Existen ligeras diferencias entre Inglaterra, País de Gales y Escocia, pero los principales días de vacaciones son:

New Year's Day	niu iers **dei**	Año Nuevo
Easter Monday	ist^{eR} **mon**dei	Lunes de Pascua
Christmas Day	**kris**mas dei	Navidad

Y también…

Boxing Day [*bok*sing dei]: el 26 de diciembre;
Early May Bank Holiday [*erli mei bank **Ho**lidei*]: el primer lunes de mayo;
Spring Bank Holiday [*spring bank **Ho**lidei*]: el último lunes de mayo;
Summer Bank Holiday [*sam*ᵉᴿ *bank **Ho**lidei*]: el último lunes de agosto.

Aunque muchas tiendas permanecen abiertas, las administraciones, los edificios públicos (y los bancos…), y algunos museos están cerrados.

En Escocia se celebra el santo patrón, **Saint Andrew** (finales de noviembre / principios de diciembre) y el 2 de enero. No hay un día de fiesta nacional en Inglaterra, pero algunos nacionalistas reclaman adoptar San Jorge (23 de abril) como día festivo para celebrar la identidad inglesa con respecto a sus vecinos galeses y escoceses.

↗ Pedir ayuda

Urgencias

En Gran Bretaña, además del número paneuropeo (el 112), puedes marcar el 999 (*nain nain nain*), que es común para los bomberos, ambulancias y policía. Escucharás esto:

Urgencias. ¿Qué servicio desea?
Emergency. Which service do you require?
*i**me**ᴿdyensi uich **ser**vis du iu ri**kuai**ᵉᴿ*

Y entonces tú contestarás:

policía	bomberos	ambulancia
police	**fire brigade**	**ambulance**
polis	faieR brigueid	ambiulans

Aquí tienes otras expresiones que te ayudarán:

¡Cuidado!	**Look out!**	luk aut
¡Fuego!	**Fire!**	**fai**ᵉR
¡Socorro!	**Help!**	Help
¡Date/Dese prisa!	**Hurry!**	**Har**ii

¡Pide ayuda rápido!
Get help quickly!
guet Help **kuik**li

Ha habido un accidente.
There has been an accident.
DeR Has biinn an **ak**sident

Está enfermo/a.
He/she is ill.
Hii/shii is il

Estoy herido/a.
I am hurt.
ai am Hart

Me han agredido.
I have been mugged.
ai Haf bin mogd

Llega la ayuda.
Help is on its way.
Help is on its uai
(la ayuda está en su camino)

Si alguien te molesta…

¡Vete/Váyase!	*¡Déjame/Déjeme!*
Go away!	**Leave me alone!**
gou euei	*lif mi a**loun***
	(déjeme solo/a)

⤢ Letreros y carteles

Business Hours	***bis**nis au^eR^s*	*Horario de apertura*
Emergency Exit	*ime^R^dyensi **eks**it*	*Salida de emergencia*
Entrance/Exit **Way In/Way Out**	***en**trants/**eks**it* *uei in/uei aut*	*Entrada/Salida*
Ladies/Women	***lei**dis/**ui**menn*	*Mujeres*
Men/Gentlemen/Gents	*men/**dyen**telmen/dyents*	*Hombres*
No Entry	*nou **en**tri*	*Prohibido entrar*
Open/Closed	***ou**pen/klousd*	*Abierto/Cerrado*
Push/Pull	*push/pul*	*Empujar/Tirar*
Toilets **Public Conveniences**	***toi**lets* ***pab**lik konvinienses*	*Aseos*

Arrivals/Departures	*a**Rai**vals/dipa^R^ch^eR^s*	*Llegadas/Salidas*
Cashiers (banco) **Checkout** (tienda)	*kashi^eR^s* ***chek**aut*	*Caja*
Disabled	*dis**ei**bold*	*Minusválidos*
Enquiries	*in**kuai**ris*	*Información*
Escalator	*es**ka**leit^eR^*	*Escalera mecánica*
For Hire (coche, etc.) **To Let** (inmobiliario)	*for **hai**^eR^* *tu let*	*Alquiler*
For Sale	*for seil*	*En venta*

Lift	lift	Ascensor
Private	**prai**vet	Privado
Sale	seil	Rebajas
Sold Out	sold aut	Completo
Stairs	stairs	Escaleras
Turist Office	**tu**rist **o**fis	Oficina de turismo
Ticket Office	**ti**ket **o**fis	Taquilla

Abreviaturas comunes

AD = Anno Domini	ei-dii	d. C. (después de Cristo)
BC = before Christ	bii-sii	a. C. (antes de Cristo)
AM/a.m./am = ante meridiem	ei-em	mañana
PM/p.m./pm = post meridiem	pii-em	tarde
BST = British Summer Time	bii-es-tii	hora de verano (GMT + 1)
GMT = Greenwich Mean Time	dyii-em-tii	hora universal
Ltd = limited	el-tii-dii	S.L.
plc/PLC = public limited company	pii-el-sii	S.A.
VAT = value added tax	vii-ei-tii/vat	IVA
in = inch	inch	2,54 cm
ft = foot	fuut	30,48 cm
yd = yard	iard	91,44 cm
oz = ounce	auns	28,43 g
lb = pound	paund	453 g
m.p.h./mph = miles per hour	em-pii-eich	milla (= 1,6 km) por hora

↗ **Viajar**

Si resides en un país europeo, en principio, no tendrás que mostrar tu pasaporte al llegar a Gran Bretaña. En caso contrario:

el control de pasaportes	Passport Control	*pasport kontrol*
la aduana	Customs	*kastoms*
un pasaporte	a passport	*a pasport*
mercancías a declarar	goods to declare	*guds tu dikl*ᵉᴿ
nada que declarar	nothing to declare	*noZing tu dikl*ᵉᴿ

Pasaporte(s), por favor.
Passport(s) please.
pasport(s) plis

¿Viene al Reino Unido por negocios o por turismo [placer]?
Are you visiting the UK for business or pleasure?
*aR iu visiting De iu kei for bisnis or plesh*ᵉᴿ

Estoy/Estamos aquí...	I am / We are here...	*ai am/ui aR Hi*ᵉᴿ
por negocios.	on business.	*on bisnis*
de vacaciones.	on holiday.	*on Holidei*
por estudios.	to study.	*tu stadi*

Los niños están en mi pasaporte.
The children are on my passport.
De children aR on mai pasport

Cambio

Encontrarás oficinas de cambio (**moneychanger**) en los aeropuertos y puertos marítimos, así como en algunos bancos. En la ciudad, hay muchos cajeros automáticos que aceptan las principales tarjetas de crédito. Los encontrarás por todas partes, y también dentro de algunas tiendas de comestibles.

¿Dónde puedo cambiar...?	Where can I change...?	ueR kan ai cheinch
divisas	**foreign currency**	*foren kaRentsii*
dólares	**dollars**	*dol^aRs*
euros	**euros**	*iuros*
pesos	**pesos**	*pesos*

¿Hay un cajero automático cerca de aquí?
Is there a cash machine near here?
is DeR a kash mashin ni^eR Hi^eR
(est là une espèces machine près ici)

¿Puedo pagar con cheques de viaje?
Can I pay by traveller's cheque?
kan ai pei bai travl^eRs chek

En avión

Aparte de las dos grandes pataformas internacionales que son Heathrow y Gatwick, Londres se comunica por Stansted (vuelos charter y de bajo coste) y London City (vuelos de negocios). El Reino Unido tiene además una veintena de aeropuertos regionales.

un avión	**a plane**	*a plein*
equipaje	**luggage**	*la guidch*
un billete	**a ticket**	*a tiket*
un billete electrónico	**an e-ticket**	*an ii-tiket*
un (billete) de ida	**a single (ticket)**	*a singuel (tiket)*
un (billete) de ida y vuelta	**a return (ticket)**	*a ritarn (tiket)*
un mostrador de facturación	**a check-in (desk)**	*a chek-in (desk)*
una tarjeta de embarque	**a boarding pass**	*a bording pas*
una compañía aérea	**an airline**	*an erlain*
aterrizaje	**landing**	*landing*
despegue	**takeoff**	*teikoff*
una pista de aterrizaje	**a runway**	*a ranauei*
una puerta de embarque	**a boarding gate**	*a bording gueit*
un vuelo	**a flight**	*a flait*

¿Dónde está el mostrador de facturación para el vuelo…?
Where is the check-in for flight…?
ueR is De chekin for flait

¿A qué hora es el próximo vuelo para…?
When is the next flight to…?
uen is De nekst flait tu

Quisiera un asiento de ventanilla/pasillo, por favor.
I would like a window / an aisle seat, please.
ai uud laik a uindou/an ail siit plis

¿A qué hora despegamos/aterrizamos?
What time do we take off/land?
uat taim du ui teik off/land

En tren

Las líneas de ferrocarril británicas están privatizadas desde los años noventa. Por eso, varias líneas pueden ofrecer el mismo destino, pero los billetes no son intercambiables necesariamente de una línea a otra. Infórmate antes de tu salida (www.nationalrail.co.uk).

un tren	**a train**	*a trein*
un tren directo	**a direct train**	*a dai**Rekt** trein*
un tren ómnibus	**a stopping train**	*a **sto**ping trein*
un billete de ida/ida y vuelta para...	**a single/return to...**	***singuel/ri**tarn tu*
un billete	**a ticket**	*a **ti**ket*
un billete de tarifa reducida	**an off-peak ticket**	*an **off-piik ti**ket*
1ª/2ª clase	**first/second class**	*ferst/**se**kond klas*
oficina de objetos perdidos	**lost property office**	*lost **prop**ᵉᴿti ofis*
una consigna	**left-luggage office**	***left la**guidch **o**fis*
una consigna automática	**luggage lockers**	***la**guidch **lok**ᵉᴿs*
una estación (central)	**a (main) station**	*a (mein) **steish**ᵒn*
una taquilla	**a ticket office**	*a **ti**ket **o**fis*
un horario	**a timetable**	*a **taim**teibᵒl*
el precio de un billete	**a fare**	*a feR*
un andén	**a platform**	*a **plat**form*
un descuento	**a discount**	*a **dis**kaunt*
un trayecto	**a journey**	*a **dyor**nii*

Quisiera dos ida y vuelta para Bradford, por favor.
I would like two returns to Bradford, please.
*ai uud laik tu ri**tarns** tu **brad**fᵉᴿd plis*

¿Hay billetes de tarifa reducida?
Are there any off-peak fares?
aR DeR eni off-piik faRs

¿De qué andén sale el tren para Portsmouth Harbour?
What platform does the Portsmouth Harbour train leave from?
*uat **plat**form das De **ports**m^{au}Z **HaRb**^{eR} trein lif from*

¿A qué hora llegaremos a...?
What time do we arrive at...?
*uat taim du ui a**Raif** at*

El tren de las 10 en punto ha sido cancelado.
The 10 o'clock train has been cancelled.
*De ten o**klok** trein Has biinn **kans**^eld*

¿Está libre este asiento?
Is this seat free?
is Dis siit frii

¿Dónde debo/debemos cambiar para...?
Where do I/we change for...?
ueR du ai/ui cheinch for

Llevamos... minutos de retraso.
We are ... minutes late.
*ui aR ... **mi**nits leit*

En autobús

El Reino Unido cuenta con una densa red de autobuses que comunican las principales ciudades con precios muy competitivos. El mayor operador a nivel nacional es National Express (www.nationalexpress.com).

El vocabulario estándar (billetes, etc.) es el mismo para el tren que para el avión. No obstante, ten en cuenta:

un autobús	a coach	a kouch
una parada	a (coach) stop	a (kouch) stop
un conductor	a driver	a drai*v*^{eR}
una estación de autobuses	a coach station a bus terminal	a kouch stei*sh*^{i}on a bas te*R*min^{e}l
una dársena	a (coach) bay	a (kouch) bei

¿Cómo llego a la estación de autobuses Victoria?
How do I get to the Victoria Coach Station?
*Hau du ai guet tu De vik***tor***ia kouch* **stei***sh^{i}on*

¿Hay autobuses a Birmingham?
Is there a service to Birmingham?
is DeR a **seR***vis tu* **beR***mingam*

¿Puede avisarnos cuando lleguemos a la parada de Cambridge, por favor?
Can you tell us when we reach the Cambridge stop, please?
kan iu tel as uen ui riitch De **keim***bridch stop plis*

¿Cuánto tiempo dura el trajecto?
How long does the journey last?
Hau long das De **dyoR***nni last*

En taxi

En Londres reconocerás fácilmente los famosos **black cabs** (*taxis negros*), que podrás tomar en la calle si la luz amarilla de delante está encendida. También existen los taxis "bajo licencia", llamados **minicabs**, que hay que pedir por adelantado y que no tienen taxímetro. Antes de comenzar la carrera hay que preguntar el precio. Este doble sistema existe en la mayoría de las grandes ciudades.

¿Me puede pedir un taxi/minicab, por favor?
Can you order me a taxi/minicab, please?
kan iu ord^{eR} mii a taksii/miniikab plis

Quiero ir a…
I want to go to...
ai uant tu gou tu

Esta es la dirección.
Here is the address.
Hi^{eR} is De adres

¿Cuánto es la carrera?
How much is the fare?
Hau mach is De feR

Me puede dejar aquí.
You can drop me off here.
iu kan drop mii off Hi^{eR}

En dos ruedas

un casco	a helmet	a **Hel**met
un ciclomotor	a moped	a **mo**ped
una moto	a motorbike	a **mot**^{eR}baik
una scooter	a scooter	a **skut**^{eR}
una bici	a bike	a baik

Algunas grandes ciudades han adoptado un sistema de alquiler de bicicletas. En Londres, este dispositivo se llama **Cycle Hire** pero los londinenses lo llaman **Boris Bikes** por Boris Johnson, alcalde de Londres cuando se puso en marcha el servicio.

un estacionamiento	a docking station	a **dok**ing **stei**sh'on
un código para desenganchar la bibi	a release code	a ri**liis** koud
un carril bici	a cycle/bike lane	a **saik**ᵒl/baik lein
alquiler de bicicletas	cycle hire/bike hire	**saik**ᵒl haiᵉᴿ/baik haiᵉᴿ

En barco/en ferry

Gran Bretaña está conectada con varios países, entre ellos España y Francia por ferry o aerodeslizador. También puedes ir en barco a Irlanda (Norte y Sur) y a las islas (Orcadas, Sorlingas, etc.).

un aerodeslizador	a hovercraft	a **Hov**ᵉᴿkraft
un ferry	a car ferry	a kaR **feRii**
una cabina	a cabin	a **ka**bin
una excursión	a day trip	a dei trip
una estación marítima	a ferry terminal	a **feRi termin**ᵃl

¿A qué hora es el próximo ferry para...?
When is the next ferry to...?
uen is De nekst **feRii** tu

¿Hay un autobús de enlace hasta la estación marítima?
Is there a shuttle (bus) to the ferry terminal?
is DeR a **shat**ᵉl (bas) tu De **feRii termin**ᵃl

¿Dónde está el embarque para los pasajeros?
Where do foot passengers board?
*ueR du fout **pa**ssëndjëz bordd*

Alquilar un coche

Para alquilar un coche en Gran Bretaña basta con tener un permiso de conducir nacional.

alquiler de coches	**car rental**	*kaR **rent**ᵉl*
seguro	**insurance**	*in**shur**ᵉns*
un permiso/carné de conducir	**a driver's licence**	*a **draiv**ᵉRs **lai**sens*

Quisiera alquilar un coche durante una semana.
I would like to rent a car for one week.
ai uud laik tu rent a kaR for uan uik

¿Cuánto cuesta por día?
How much does it cost per day?
Hau mach das it kost per dei

¿Está incluido el seguro?
Is insurance included?
*is in**shur**ᵉns in**klou**did*

¿Qué tipo de carburante lleva?
What kind of fuel does it take?
uat kaind of fiul das it teik

Circular en coche

En Gran Bretaña se conduce por la izquierda. En las rotondas y los cruces, los coches que vienen por la derecha tienen la prioridad. La red de carreteras es buena y las autopistas son gratuitas.

un coche	**a car**	a kaR
un autopista	**a motorway**	a mot^{eR}-uei
un mapa de carreteras	**a road map**	a roud map
la circulación	**traffic**	**tra**fik
un atasco	**a traffic jam**	a **tra**fik dyam
gasolina*	**petrol**	**pet**r^{o}l
- diesel/sin plomo	**diesel/unleaded**	**diis**^{e}l/**an**leded
un garaje	**a garage**	a **ga**radch
aceite	**oil**	oil
un parking	**a car park**	a kaR paRk
una plaza de estacionamiento	**a parking space**	a **pa**^{R}king speis
la prioridad	**the right of way**	De Rait of uei
una carretera nacional	**an A road**	an ei roud
una carretera secundaria	**a B road**	a bii roud
una estación de servicio	**a petrol station**	a **pètr**^{o}l steish'on
la velocidad (rapidez)	**speed**	spiid
una velocidad (marcha)	**a gear**	a **gui**^{eR}

* Falso amigo: **fuel** significa *carburante, gasolina* en inglés (el *fuel* se dice **fuel oil**).

¿Cómo llego a...?	¿Puedo aparcar aquí?
How do I get to...?	**Can I park here?**
Hau du ai guet tu	kan ai paRk **Hi**^{eR}

¿Dónde está la estación de servicio más cercana?
Where is the nearest petrol station?
ueR is De ***nie****rest* ***pe****tr*^{o}*l* ***stei****sh*^{i}*on*

Tengo que echar gasolina.
I need petrol.
ai nid ***pe****tr*^{o}*l*

Lleno, por favor.
A full tank, please.
a ful tank plis

¿Puede comprobar la presión de los neumáticos / el nivel de aceite?
Can you check the tyre pressure/oil?
kan iu chek De ***tai***^{eR} ***pre****sh*^{eR}*/oil*

En caso de problemas

¿Hay un garaje por aquí?
Is there a garage near here?
is Der a ***ga****radch* ***ni***^{eR} ***Hi***^{eR}

Tengo una rueda pinchada.
I have a flat tyre.
ai Haf a flat ***tai***^{eR}
(tengo un plano neumático)

Mi coche no quiere arrancar.
My car won't start.
mai kaR uont staRt

La batería está descargada.
The battery is flat.
De ***bat***^{e}*rii is flat*

He tenido una avería.
I have had a breakdown.
ai Haf Had a ***breik****daun*

¿Puede repararlo?
Can you repair it?
*kan iu ri****peir*** *it*

¿Cuánto tiempo tardará?
How long will it take?
Hau long uil it teik

¿Cuánto costará?

How much will it cost?

Hau mach uil it kost

Palabras útiles

el acelerador	the accelerator	*De ak**sel**ereit^(eR)*
el arranque	the ignition	*De ig**nish**'on*
la caja de cambios	the gearbox	*De **gui**^(eR)boks*
un cinturón de seguridad	a seat belt	*a siit belt*
un intermitente	an indicator	*an **in**dikeit^(eR)*
el maletero	the boot	*De but*
el motor de arranque	the starter	*De **staRt**^(eR)*
el embrague	the clutch	*De klotch*
los limpiaparabrisas	the windscreen wipers	*De **uind**skrin **uaip**^(eR)s*
el freno de mano	the handbrake	*De **hand**breik*
los frenos	the brakes	*De breiks*
el motor	the engine	*De **in**dyin*
un faro	a headlight	*a **Hed**lait*
un neumático	a tyre	*a **tai**^(eR)*
el tanque	the petrol tank	*De **petr**^(o)l tank*
un retrovisor	a rear-view mirror	*a **ri**^(eR) viu **miR**^(oR)*
una rueda	a wheel	*a uil*
~ de repuesto	a spare wheel	*a sper uil*
las velocidades	the gears	*De **gui**^(eR)s*
el volante	the steering wheel	*De **stiR**ing uil*

Letreros

CONGESTION	*kon**dyes**tsh'on*	*ZONA DE PEAJE*
CHARGING	***chaR**dying*	*URBANO* (Londres)
DETOUR	***di**tuor*	*DESVIACIÓN*

DUAL CARRIAGEWAY	*du*al *ka*Ridchuei	*AUTOVÍA*
ENGAGE LOW GEAR	en*gueid*ch lou **gui**eR	*UTILIZAR MARCHAS BAJAS*
GIVE WAY	*giv uei*	*CEDA EL PASO*
NO THROUGH ROAD	*nou Zrou roud*	*CALLE CORTADA*
ONE WAY	*uan uei*	*SENTIDO ÚNICO*
REDUCE SPEED NOW	ri**dius** spiid nau	*REDUCIR LA VELOCIDAD*
ROAD WORKS	*roud uorks*	*OBRAS*
ROUNDABOUT	**raund**ebaut	*ROTONDA*
SAFE HEIGHT	*seif Hait*	*ALTURA DE SEGURIDAD* (seguido de la altura permitida)
SOFT VERGES	soft **veR**dchs	*ARCÉN*
DRIVE SLOWLY	draaf **slou**lii	*CONDUZCA DESPACIO*

↗ En la ciudad

Una ciudad se dice **a town** para una población de tamaño mediano y **a city** para una aglomeración importante (no hay una definición oficial, aunque cada **city** tiene una catedral). En las ciudades o pueblos, la calle principal se llama normalmente **the High Street** (como *la Gran Vía* en España).

Para encontrar el camino

un barrio residencial periférico	**a suburb**	a **so**berb
el centro de la ciudad	**the city/town centre**	De **si**ti/taun **sent**eR
una dirección	**a direction**	a dai**rek**sh'on
un plan	**a map**	a map
una calle	**a street**	a strit
el casco antiguo	**the old city/town**	Dii ould **si**ti/taun

| una ciudad | **a city/town** | a *si*ti/taun |
| una zona peatonal | **a pedestrian precinct** | a pe*des*tri[a]n *pre*sint |

Disculpe, ¿dónde está…?
Excuse me, where is…?
ekskius mii ueR is

Está…	It's…	*its*
a la derecha.	**on the right.**	*on De rait*
a la izquierda.	**on the left.**	*on De left*
en la esquina.	**on the corner.**	*on De korn[eR]*
después del cruce.	**after the crossroads.**	*aft[eR] De kros*rouds*
después del semáforo.	**after the traffic light.**	*aft[eR] De trafik lait*
90 metros más lejos.	**a hundred yards further on.**	*a Handr[eR]d iaRds farD[eR] on*
detrás.	**behind.**	*bi*Haind*
en frente.	**opposite.**	*o*posit*
todo recto.	**straight on.**	*streit on*

el norte	**north**	*norZ*
el sur	**south**	*sauZ*
el este	**east**	*iist*
el oeste	**west**	*uest*

Los términos para los puntos intermedios (*noreste*, etc.) se forman de la misma forma que en español (**north-east**, etc.).

¿Es este el camino correcto para la estación?
Is this the right way to the station?
*is Dis De rait uei tu De stei*sh[i]on*

¿Está lejos a pie?
Is it far on foot?
is it faR on fut

¿Puedes mostrármelo en el plano?
Can you show me on the map?
kan iu shou mii on De map

A pie y en coche

Estoy perdido(a).
I am lost.
ai am lost

Toma la segunda (calle) a la izquierda.
Take the second (street) on the left.
teik De sekond strit on De left

Vas por el camino equivocado.
You are going the wrong way.
*iu aR **gou**ing De Rong uei*

Continúa todo recto.
Keep straight on.
kip streit on

Debe dar la vuelta.
You have to do a U-turn.
iu Haf tu du a iu tarn

Gracias por tu ayuda.
Thanks for your help.
Zanks for ior Help

Metro, autobús, tranvía

Además del célebre **Tube** londinense, nombre familiar del **London Underground**, también existen los sistemas de metro de Newcastle y su región, al noroeste de Inglaterra (llamado **the Metro**), y el de Glasgow en Escocia (**the Subway**). También hay una decena de tranvías.

un autobús	a bus	a bas
una parada de autobús	a bus stop	a bas stop
~ a petición	a request stop	a ri**kuest** stop
el metro	the Underground (genérico)	De and^{eR}graund
	the Tube (Londres)	De tiub
una estación de metro	an Underground/Tube station	an and^{eR}graund/tiub steish'on
un tranvía	a tram(way)	a tram(uei)

Disculpe, ¿hay alguna estación de metro/parada de autobús cerca de aquí?
Excuse me, is there an Underground station/a bus stop near here?
*ekskius mii is DeR an **and**^{eR}graund steishion/a bas stop ni^{eR} Hi^{eR}*

¿Dónde puedo comprar un billete?
Where can I buy a ticket?
*ueR kan ai bai a **ti**ket*

¿Dónde debemos bajarnos?
Where do we get off?
ueR du ui guet off

Visitar exposiciones, museos, lugares

Desde las piedas neolíticas de Stonehenge, al oeste de Inglaterra, a los castillos embrujados de Escocia pasando por las modernas galerías de arte de Whitechapel o de Liverpool, Gran Bretaña goza de una gran riqueza cultural y turística para todas las edades. Una buena noticia: ¡muchos de los principales museos son gratis!

una entrada (billete)	a ticket	a **ti**ket
la entrada	the entrance	De **en**trans
entrada gratuita	admission free	ad**mish**ion frii
una exposición	an exhibition	an eksi**bi**shion
una galería de arte	an art gallery	an aRt **ga**leRi
una taquilla	a ticket office	a **ti**ket **o**fis
una tienda de recuerdos	a gift shop	a gift shop
un museo	a museum (histórico)	a **miu**sium
	an art gallery (pintura, etc.)	an aRt **ga**leRi
un descuento	a discount	a **dis**kaunt
una visita guiada	a guided tur	a **gaid**ᵉd tur

Estoy buscando la taquilla.
I am looking for the ticket office.
ai am **lu**king for De **ti**ket **o**fis

Dos adultos y un niño, por favor.
Two adults and one child, please.
tu **a**dolts and uan chaild plis

¿A qué hora es la última entrada?
What time is the last entry?
uat taim is De last **en**trii

Otras curiosidades

una abadía	an abbey	an **a**bii
una biblioteca	a library	a **lai**braRi
un centro comercial	a shopping centre/mall	a **aho**ping **sent**ᵉᴿ/mol
un castillo	a castle	a **kas**ᵉl
un jardín	a garden	a **gaRd**ᵉn
un mercado	a market	a **maR**ket

un palacio	a palace	a *pa*las
el parlamento	the parliament building the Houses of Parliament (Londres)	De *pa*Rlament *bil*ding De *Hau*ses of *pa*Rlament
una tumba	a tomb	a tum
una torre	a tower	a *tau*^{eR}
una universidad	a university	a iuni*ve*Rsiti
un zoo	a zoo	a suu

Salidas (cine, teatro, concierto...)

Si visitas Londres, los principales teatros y cines se concentran en el barrio central que se llama... ¡el **West End** ("extremo oeste")!

un cine	a cinema	a *si*nema
un concierto	a concert (música clásica) a gig (rock, pop, etc.)	a *kon*s^{eR}t a guig
una sala de conciertos	a concert hall	a *kon*s^{eR}t Hol
un grupo	a band	a band
una taquilla	a box office	a boks *o*fis
un multicine	a mutiplex	a *mul*tipleks
un asiento/una butaca	a seat	a siit
una ópera	an opera	an *op*^{eR}a
un teatro de ópera	an opera house	an *op*^{eR}a Haus
una orquesta	an orchestra	an *or*kestra
un teatro	a theatre	a *Ziat*^{eR}

¿A qué hora empieza la película? **When does the film start?** *uen das De film staRt*

¿(La película) Es subtitulada? **Is the film subtitled?** *is De film **sub**tait^{e}ld*

Quisiera dos butacas para el concierto de esta noche, por favor.
I would like two seats for tonight's concert, please.
*ai uud laik tu siits for tu**naits kons**eRt plis*

Puedes comprar entradas en la taquilla o en línea.
You can buy tickets at the box office or online.
*iu kan bai **ti**kets at De boks **o**fis or on**lain***

No hay entradas para el espectáculo.
The show is sold out.
De shou is sold aut

La noche

Las discotecas nocturnas de Londres, por supuesto, pero también las de Manchester, Leeds, Brighton, Glasgow y muchas otras ciudades británicas están entre las mejores de Europa. Un poco de vocabulario para disfrutar al máximo de un **club scene**:

una discoteca	**a club**	*a klab*
ir a la discoteca	**to go clubbing**	*tu gou **kla**bing*
(precio de la) entrada	**entry fee**	***en**trii fii*
	cover charge	***kov**eR chaRch*
la política de entrada	**the door policy**	*De dor **po**lisii*
un portero	**a doorman**	*a **dor**men*
una fiesta temática	**a theme night**	*a Zim nait*
~ para solteros	**a singles night**	*a **sin**guels nait*
el código de vestimenta	**the dress code**	*De dres koud*
guardarropa	**cloakrooms**	***klouk**-rums*

Correos

un buzón	a letter box	a *let*^{eR} boks
una oficina de correos	a post office	a poust **ofis**
una postal	a post card	a post kaRd
un paquete	a parcel	a **pars**^el
el correo	mail	meil
un sobre	an envelope	an **env**^eloup
una carta	a letter	a *let*^{eR}
un sello	a stamp	a stamp
urgente	by express mail	bai eks**pres** meil
certificado	by recorded mail	bai ri**kord**^ed meil
por avión	by airmail	bai **er**meil

¿Dónde está la oficina de correos más próxima?
Where is the nearest post office?
ueR is De **niir**est poust **ofis**

Querría sellos para Europa / Canadá.
I would like some stamps for Europe/Canada.
ai uud laik som stamps for **iu**rop /**ka**nada

Quiero enviar esta carta certificada, por favor.
I want to send this letter by recorded mail, please.
ai uant tu send Dis *let*^{eR} bai ri**kord**^ed meil plis

Al teléfono

Para responder al teléfono, los británicos generalmente dicen **Hello?** Algunos también dicen su número. Los números de teléfono se "deletrean" (se dice cada número por separado). El cero se pronuncia como la letra **o**: *[ou]*.

una guía telefónica	a phone book	a foun buk
una tarjeta SIM	a SIM card	a sim kaRd
un cargador	a charger	a **chaR**dy*eR*
un prefijo	a dialling code	a **dai**aling koud
~ de país	a country code	a **kon**trii koud
un mensaje de voz	voicemail	**vois**meil
un número de teléfono	a phone number	a foun **nam**b*eR*
un móvil	a mobile (phone)	a **mou**bail (foun)
información	directory enquiries	de**rekt**erii in**kuai**riis
un SMS	an SMS	an es-em-es
un teléfono	a phone	a foun
	a telephone (formal)	a **te**lefoun

Tengo que hacer una llamada.
I must make a phone call.
ai mast meik a foun kol

Buenos días, este es el 275 329 2701.
Hello, this is two seven five, three two nine, two seven oh one.
Helou Dis is tu seven faaf Zrii tu nain tu seven ou uan

¿Quién habla?
Who is speaking?
*Hou is **spi**king*

¿Puedo hablar con Simon?
Can I speak to Simon?
*kan ai spik tu **sai**mon*

Quiero dejar un mensaje para Sheila.
I would like to leave a message for Sheila.
*ai uud laik tu lif a **mes**ech for **shii**la*

¿Cuál es el prefijo para España/Argentina/México/Chile?
What is the country code for Spain/Argentina/Mexico/Chili?
*uat is De **kon**trii koud for s**pa**in/ardyen**ti**na/**me**ksico/**chi**li*

¿Cuál es tu número de teléfono/móvil?
What is your phone/mobile number?
uat is ior foun/**mo**bail **namb**ᵉᴿ

¿Puedes volver a llamarme?
Can you call me back?
kan iu kol mi bak

Por favor, marque "asterisco"/"almohadilla".
Please press "star"/"pound".
plis pres staR/paund

Internet

¿Hay un cibercafé cerca de aquí?
Is there an Internet café near here?
is DeR an **in**tenet kafé **ni**ᵉᴿ **Hi**ᵉᴿ

Tengo que consultar mi correo electrónico.
I need to check my email.
ai nid to chek mai **i**meil

¿Cómo me puedo conectar?
How do I get online?
Hau du ai guetonn**laïnn**

¿Cómo se escribe la arroba?
How do I get the "at" sign?
Hau du ai guet De at sain

(Ver también las pp. 145-146 para más vocabulario de informática.)

La administración

He aquí una pequeña lista de servicios administrativos donde debes dirigirte en caso de pérdida o robo.

Lo que puedes necesitar...

una embajada	**an embassy**	*an **em**basii*
una comisaría	**a police station**	*a p°lis **steish**ion*
un consulado	**a consulate**	*a **kon**sulet*
la policía	**the police**	*De p°lis*

Busco el consulado español/argentino/mexicano/chileno.
I'm looking for the Spanish/Argentinian/Mexico/Chilian consulate.
*aim luking for De s**pa**nish/ardyen**ti**nian/**me**ksican/**chi**lian **kon**sulet*

Lo que puedes perder...

Quiero denunciar un robo.
I want to report a theft.
*ai uant tu ri**por**t a Zeft*

Me han robado mi(s).
My ... has/have been stolen.
*mai ... Has/Haf biin **sto**len*

He perdido mi(s)...	I have lost my...	*ai Haf lost mai*
cámara de fotos.	**camera.**	***kam**°ra*
tarjeta de crédito.	**credit card.**	***kre**dit kaRd*
carné de identidad.	**identity card.**	*ai**den**titii kaRd*
reloj.	**watch.**	*uotch*
documentación.	**papers.**	***peip**°Rs*
pasaporte.	**passport.**	***pas**port*
monedero/cartera.	**purse.** (mujer) **wallet.** (hombre)	*pars* ***uo**let*
bolso.	**handbag.**	***hand**bag*

Necesito un documento oficial para mi seguro.
I need an official document for my insurance.
*ai nid an ofishal **dok**iument for mai in**shur**ans*

En el banco

La moneda oficial de Gran Bretaña es la libra esterlina: **the pound** (**sterling** se utiliza para designar la moneda más que las unidades, como el euro o el dólar). Está dividida en céntimos: **a penny** y **pence** en plural. También escucharás la palabra invariable **quid**, término del argot para *una/las libras*.

dinero	**money**	*monnii*
un banco	**a bank**	*a bank*
un billete	**a note/a banknote**	*a nout/a **bank**nout*
una oficina de cambio	**a bureau de change/ moneychanger**	*a **biu**rou de chansh/ **monnii**t**cheinch**eR*
una tarjeta de crédito	**a credit card**	*a **kre**dit kaRd*
el cambio, las divisas	**foreign currency**	***for**eRn **ko**rentsii*
una cuenta	**an account**	*an a**kaunt***
un cajero automático	**an ATM a cash machine**	*an ei-tii-em a kash ma**shin***
el cambio, la vuelta	**change**	*cheinch*
una moneda	**a coin**	*a koin*

¿Puedo cambiar euros por libras?
Can I change euros for pounds?
*kan ai cheinch **iu**ros for paunds*

Quisiéramos retirar el equivalente a 500 €.
We would like to withdraw the equivalent of five hundred euros.
*ui uud laik tu ui**Z**dro Di i**kui**valent of faif **Han**dred **iu**ros*

¿Dónde puedo encontrar un cajero automático?
Where can I find an ATM / a cash machine?
*ueR kan ai faind an ei-tii-em / a kash ma**shinn***

¿Funcionará mi tarjeta en este cajero?
Will my card work in this machine?
*uil mai kaRd uork in Dis ma**shinn***

↗ Playa, piscina y deportes de ocio

Al ser una isla, a Gran Bretaña no le faltan playas. Las hay de todo tipo: desde las dunas de Saunton Sands en Devon hasta la "laguna azul" de Abereiddi en el País de Gales, pasando por la fina arena de la Bahía de Sinclair en el extremo norte de Escocia. Y para los amantes del surf, la costa de Cornualles es un verdadero paraíso, cuyo epicentro es el puerto pesquero de Newquay, *[niukei]*.

marea alta/baja	high/low tide	*Hai/lou taid*
un socorrista	a lifeguard	*a **laif**gaRd*
el mar	the sea	*De sii*
una playa	a beach	*a biich*
una piscina	a swimming pool	*a **suim**ing pul*
una tabla de surf	a surfboard	*a **sarf**bord*
zambullirse/zambullida	to dive/diving	*tu daif/**dai**ving*
la arena	sand	*sand*
el surf (actividad)	surfing	***sur**fing*
una tumbona	a deckchair	*a **dek**tcher*
una ola	a wave	*a ueif*

¿Hay una playa de arena cerca de aquí?

Is there a sandy beach near here?

is DeR a **san**dii biitch **ni**ᵉᴿ **Hi**ᵉᴿ

¿Es seguro bañarse aquí?

Is it safe to swim here?

is it seif tu suim **Hi**ᵉᴿ

¿Hay una piscina al aire libre/cubierta en la ciudad?

Does the town have an open-air/indoor swimming pool?

das De taun Haf an **ou**pen-air/**in**dor **sui**ming pul

¿Cuál es el mejor lugar para hacer surf?

Where is the best place to surf?

ueR is De best pleis tu surf

Otras actividades de ocio

el golf	golf	golf
el footing/jogging	jogging	dyoguing
el windsurf	windsurfing	uindsurfing
el senderismo	hiking	Haiking
el tenis	tennis	tenis
el ciclismo de montaña	mountain biking	mountain baiking

Y no nos olvidemos del *esquí*, **skiing**, ni del **snow-boarding**, ya que, aunque muchos británicos van al extranjero a practicar los deportes de invierno, las estaciones de esquí situadas en los Cairngorms de Escocia también tienen sus adeptos.

Acampada y camping

el camping / un camping	camping / a campsite	*kam*ping / a *kamp*sait
una autocaravana	a camper (van)	a *kamp*^eR (van)
una caravana	a caravan	a *ka*ravan
un colchón hinchable	an airbed	an eirbed
un saco de dormir	a sleeping bag	a *sli*ping bag
una esterilla	a groundsheet	a *graund*shiit
una tienda	a tent	a tent
montar una tienda	to pitch a tent	tu pitch a tent

¿Se puede acampar aquí?
Can we camp here?
*kan ui kamp **Hi**^eR*

Estamos buscando un camping.
We are looking for a campsite.
*ui aR **lu**kinng for a **kamp**sait*

¿Cuál es la tarifa de acampada?
How much is the pitch fee?
Hau mach is De pitch fii

Esta es una lista complementaria del equipamiento de acampada:

una cuerda	a rope	a roup
un cuchillo	a knife	a naif
el gas butano	butane gas	*biu*tein gas
una cama de camping	a camp bed	a kamp bed
un mazo	a mallet	a *ma*let

un abrelatas	**a tin opener**	*a tin oupen*eR
un abrebotellas	**a bottle opener**	*a bot*el *oupen*eR
una estaca de la tienda	**a tent peg**	*a tent peg*
una estufa de camping	**a primus stove**	*a prai*mus *stuf*
un termo	**a thermos flask / a vacuum flask**	*a Zer*mos *flask / a vak*ium *flask*
un sacacorchos	**a corkscrew**	*a kork*scru

⊼ Alojamiento

En general, los hoteles son bastante caros en Gran Bretaña. Una buena alternativa es el **bed and breakfast** ("cama y desayuno"). Si quieres quedarte varios días o semanas, busca un **self-catering accommodation**, *viviendas independientes con cocina*.

un albergue juvenil	**a youth hostel**	*a iuZ Hos*tel
un hotel	**a hotel**	*a Ho*tel
una pensión familiar	**a guesthouse**	*a guest*-Haus
habitación(es) libre(s)	**vacancy(-ies)**	*vei*kansi/*vei*kansis
completo	**no vacancy(-ies)**	*nou vei*kansi/*vei*kansis

Con…

una habitación	**a room**	*a ruum*
~ sencilla/doble	**a single/double room**	*a sin*guel/*doub*el *ruum*
una cama	**a bed**	*a bed*
~ para una persona/ doble	**a single/double bed**	*a sin*guel/*doub*el *bed*
~ para niño (cuna)	**a cot**	*a kot*

aire acondicionado	air-conditioning	eir kondish'oning
un cuarto de baño	a bathroom	a baZruum
una ducha	a shower	a shoueᴿ
un aseo	a toilet	a toilet

Reserva de hotel

¿Tiene una habitación para dos noches?
Do you have a room for two nights?
du iu Haf a ruum for tu naits

Tenemos una habitación libre.
We have a room free.
ui Haf a ruum frii

Lo siento, estamos completos.
I'm afraid we're full.
aim afreid uiir ful

¿Cuánto cuesta una habitación sencilla por noche?
How much is a single room per night?
Hau mach is a singuel ruum per nait

¿Está incluido el desayuno?
Is breakfast included?
is brekfast inkludᵉd

¿Tienen algo más barato?
Do you have anything cheaper?
du iu Haf eniZing shipeᴿ

Nos la quedamos.
We will take it.
ui uil teik it

En la recepción

He reservado una habitación a nombre de...
I reserved a room in the name of...
ai riservᵉd a ruum in De neim of

Nos quedaremos tres noches.
We will be staying three nights.
ui uil bii steying Zrii naits

¿A qué hora se sirve el desayuno?
What time is breakfast served?
uat taim is brekfast servᵉd

¿Hay wifi en la habitación?
Is there wifi in the room?
is Der uai-fai in De ruum

¿Hay servicio de habitaciones?
Is room service available?
is ruum servis eveilabᵉl

Otros dos términos útiles son **to check in**, "presentarse en el mostrador para coger una habitación", y **to check out**, "dejar la habitación y pagar la factura".

¿A qué hora tenemos que dejar la habitación [y pagar la factura]?
What time do we have to check out?
uat taim du ui Haf tu chek aut

la recepción	**the reception**	*De ri**sep**sh'on*
el restaurante	**the restaurant**	*De **res**torant*
la sala de desayunos	**the breakfast room**	*De **brek**fast ruum*
los lavabos/aseos	**the toilets**	*De **toi**lets*

Vocabulario de los servicios

Si quieres alguna cosa en la habitación:

¿Me podría dar...?	**May I have...?**	*mei ai Haf*
una manta	**a blanket**	*a **blan**kit*
una almohada	**a pillow**	*a **pi**lou*
jabón	**some soap**	*som soup*
una toalla de baño	**a bath towel**	*a baZ **tau**ᵉl*
champú	**some shampoo**	*som sham**pu***

Vocabulario del desayuno

El famoso **full English breakfast** ("desayuno inglés completo")
es una comida caliente copiosa compuesta de huevos, salchichas, bacon, judías blancas con salsa de tomate, champiñones
y, en Escocia, pudín negro o incluso **porridge** (papilla de copos
de avena), todo ello regado de té o café. Pero quizá prefieras el
continental breakfast, más ligero, con cereales, bollería y fruta.

un plato	a plate	a pleit
mantequilla	butter	**bat**eR
café	coffee	**ko**fi
champiñones	mushrooms	**mash**Ruums
chocolate caliente	hot chocolate	Hot **chok**leit
limón	lemon	**le**mon
mermelada	jam	dyam
un cuchillo	a knife	a naif
una cuchara	a spoon	a spun
agua	water	**uot**eR
un tenedor	a fork	a fork
queso	cheese	chiis
jamón	ham	Ham
zumo de naranja/ pomelo	orange/grapefruit juice	**o**randch/**greip**frut dyus
leche	milk	milk
bacon	bacon	**bei**kon
margarina	margarine	maRdye**riin**
miel	honey	**Ho**nii
muesli	muesli	**mius**lii
huevos	eggs	egs
~ fritos	fried ~	fraid ~
~ revueltos	scrambled ~	**skramm**beld ~
~ pasados por agua	soft-boiled ~	**soft** boild ~
~ duros	hard-boiled ~	**haRd** boild ~
pan	bread	bred
~ blanco	white ~	uait ~
~ integral	wholemeal ~	**Houl**miil ~
~ tostado	toast	toust
un panecillo	a roll	a rol
pimienta	pepper	**pep**eR
ciruelas pasas	prunes	pruns
una salchicha	a sausage	a **so**sidch

sal	**salt**	salt
azúcar	**sugar**	**shug**ᵉʳ
una taza	**a cup**	a kap
té	**tea**	tii
un vaso	**a glass**	a glas
yogur	**yoghurt**	**iog**ᵉᴿt
~ natural	**plain ~**	plein ~
~ de frutas	**fruit ~**	frut ~

Algunas especialidades típicas

Black pudding *[blak pu*ding*]*: pudín negro;

Baked beans *[beikt biins]*: judías blancas con salsa de tomate;

Fried bread *[fraid bred]*: pan frito en manteca de cerdo;

Kippers *[kip*ᵉᴿ*s]*: arenques ahumados en salazón;

Marmalade *[ma*R*meleid]*: mermelada de naranjas amargas;

Marmite® *[ma*R*mait]*: pasta para huntar hecha de levadura;

Porridge *[po*ridch*]*: papilla de copos de avena.

En caso de pequeños problemas

Aquí tienes algunas palabras clave que te pueden ayudar en caso de problemas en tu habitación. Para hacer una frase, cita el término del equipamiento con las expresiones siguientes:

El/la... no funciona.
The... isn't working.
De... isent **uor**king

El/la... está roto.
The... is broken.
De... is **brouk**ᵉn

bombilla	**light bulb**	lait balb
calenfacción	**heating**	**Hi**ting
aire acondicionado	**air-conditioning**	eir kon**dish**ᵢoning

interruptor	**light switch**	*lait suitch*
lámpara	**lamp**	*lamp*
luz	**light**	*lait*
enchufe	**power socket**	***pau**^{eR} **sok**it*
grifo	**tap**	*tap*
teléfono	**phone**	*foun*
televisión	**TV**	*ti vi*
aseo	**toilet***	***toi**lett*

* Siempre en singular en inglés en este contexto.

No consigo bajar el aire acondicionado.
I can't turn down the air-conditioning.
*ai kant taRn daun De eir kon**dish**'oning*

No hay agua caliente.
There is no hot water.
*DeR is nou Hot **uort**^{eR}*

¿Nos puede traer papel higiénico, por favor?
Can you bring us some toilet paper, please?
*kan iu bring as som **toi**let peip^{eR} plis*

Pagar la factura

¿Me puede dar la nota de la habitación 12, por favor?
Can I have the bill for room twelve, please?
kan ai Haf De bil for ruum tuelf plis

¿Puede llamarnos un taxi?
Can you call us a taxi?
*kan iu kol as a **tak**si*

Necesito una factura.
I need a receipt.
*ai nid a ri**siipt***

¿Podemos dejar el equipaje en recepción hasta esta tarde?
May we leave our luggage at the reception desk until this evening?
*mei ui lif **au**eR **la**guidch at De ri**sep**sh'on desk antil Dis **if**ning*

↗ **Alimentación**

Víctimas de una mala reputación de mucho tiempo, la cocina británica hizo su revolución hace una veintena de años. Uno de los mejores lugares para degustar las especialidades locales es **the pub** (apócope de **public house**), donde puedes encontrar, aparte de cerveza y otras bebidas, una cocina (ver pp. 120-121; 126) que va de simples ensaladas a creaciones culinarias dignas de grandes guías gastronómicas (a estos establecimientos también se les llama **gastropubs**).
Para una cocina más simple, es mejor **a café** (pronunciado *[kafe]*). Y si te apetece probar el famoso **afternoon tea** (que es una comida en sí mismo, con sándwiches, pasteles, etc., bañados en té), dirígete a uno de los **tea rooms** (lit. "salas de té") que abundan en las ciudades británicas. Por último, no te preocupes: ¡también hay **restaurants** *[resteºrants]*, clásicos!

la comida	**lunch**	*lanch*
la cena	**dinner**	***din**eR*
la cena	**supper**	***sap**eR*
merienda-cena	**(afternoon) tea**	*(**afte**Rnun) tii*
	high tea	*Hai tii*
un aperitivo	**a snack**	*a snak*

En el restaurante

Quisiera reservar una mesa para dos para esta noche.
I would like to reserve a table for two for this evening.
*ai uud laik tu ris**eRf** a **teib**°l for tu for Dis **if**ning*

No hemos reservado.
We do not have a reservation.
*ui du not Haf a reseR**vei**sh'on*

¿Tiene mesa para cuatro [personas]?
Do you have a table for four?
*du iu Haf a **teib**°l for for*

¿A qué hora cierran la cocina?
What time do you take last orders?
*uat taim du iu teik last **ord**^{eR}s*
(a qué hora toman el último pedido)

¿Aceptan tarjetas de crédito?
Do you take credit cards?
*du iu teik **kre**dit kaRds*

un entrante	a starter	a sta**Rt**^{eR}
un plato principal	a main course	a mein ko^{R}s
una tabla de quesos	a cheese board	a chiis bord
un postre/un dulce	a dessert/a sweet	a dise**Rt**/a suit

Quisiéramos pedir, por favor.
We would like to order, please.
*ui uud laik tu **ord**^{eR} plis*

¿Qué recomienda como plato principal?
What would you recommend as a main course?
*uat uud iu riko**mend** as a mein ko^Rs*

Somos vegetarianos/veganos.
We are vegetarians/vegans.
*ui aR vedye**teri**ens/**vi**guens*

Si quieres pedir

¿Nos trae la cuenta, por favor?
May we have the bill, please?
mei ui Haf De bil plis
(podemos tener la cuenta, por favor)

¿Está incluido el servicio?
Is service included?
*is **ser**vis in**klud**^ed*

¡Estaba delicioso!
It was delicious!
*it uas de**li**sius*

Si algo no está bien

La carne está poco hecha/muy hecha.
The meat is under-cooked/over-cooked.
*De mit is **und**^eR-kukt/**ouv**^eR-kukt*

Nosotros no hemos pedido esto.
We didn't order this.
*ui **di**dent ord^eR Dis*

Llevamos esperando mucho tiempo.
We have been waiting for a long time.
*ui Haf biinn **uei**ting for a long taim*

Está frío.
It's cold.
its kold

Especialidades y platos tradicionales

El panorama gastronómico inglés se caracteriza tanto por una gran variedad como por una preocupante homogeneidad regional debida a la proliferación de cadenas de comida rápida. Las tradiciones culinarias extranjeras, incluyendo el subcontinente indio (India, Bangladesh, Pakistán), echaron raíces hace mucho tiempo. Pero, al mismo tiempo, algunos jóvenes chefs aventureros están reinventando la cocina tradicional británica. En pocas palabras, vas a hacer algunos descubrimientos, a veces desconcertantes, como el **spotted dick and custard**, una especie de pudín con pasas y frutas mezcladas con sebo, cocido al vapor y bañado con **custard**, *natillas*, y degustar productos de excelente calidad (carne, pescado, mariscos, frutas, etc.). Por último, debes probar el plato emblemático, el **fish and chips**, pescado empanado servido con patatas fritas, tradicionalmente sazonado con vinagre de malta y envuelto en papel de periódico para llevar y comer mientras se camina. ¡Una delicia!

¿Cuáles son las especialidades locales?
What are the local specialities?
uat aR De loukal speshalitis

Aquí tienes un breve aperitivo de especialidades nacionales y regionales:

Bangers and mash *[banguᵉᴿs and mash]*: salchichas fritas, servidas con puré de patatas;

Bubble and squeak *[bab*el* and skuik]*: mezcla de patatas y col (generalmente restos) pasada por la sartén con cebolla;

Cornish pasty *[kor*nish pastii]*: pastel de carne picada;

Faggot *[fa*guet]*: albóndigas de carne de cerdo y de hígado picado;

Jellied eels *[dye*lid iils]*: anguilas en gelatina;

Pork pie *[pork pai]*: pastel de carne de cerdo. Los mejores son los de Melton Mowbray al noreste de Inglaterra;

Shepherd's pie / Cottage pie *[shep*eR*ds pai / ko*tidch pai]*: pastel de carne de cordero (**a shepherd**, *un pastor*) o carne picada;

Steak and kidney pie/pudding *[steik and kid*nii pai/pu*ding]*: pastel o pudín relleno de carne de buey y riñones;

Yorkshire pudding *[iork*sha*iR* pu*ding]*: especie de buñuelo, cocinado al horno y servido tradicionalmente con **roast beef** *[roust biif]* (carne asada).

Postres

Bakewell tart *[beik*uel taRt]*: tartaleta de mermelada y almendras;

Fool *[ful]*: mousse de frutas;

Lardy cake *[laR*di keik]*: tarta de masa de pan, manteca y pasas;

Mince pie *[mins pai]*: tarta con fruta escarchada, servida tradicionalmente en Navidad;

Scone *[skan]*: panecillo de leche, servido con mermelada y nata para el **afternoon tea** *[afternuun tii]*;

Trifle *[traif*º*l]*: mezcla de natillas, fruta, biscocho, nata y gelatina. A menudo se le añade un chorrito de jerez dulce: el famoso **sherry trifle** *[sherri traif*º*l]*.

Quesos

Aparte del **Cheddar** (queso cocido) y del **Stilton** (queso azul), los quesos británicos son poco conocidos más allá de sus fronteras. Y sin embargo, te recomendamos que disfrutes descubriendo el **Caerphilly** (queso duro y blanco, originario de Gales), el **Wensleydale** (son sabor a miel), el **Doble Gloucester** (a base de leche de dos ordeños, de ahí el nombre) o incluso el temido **Stinking Bishop** ("obispo apestoso", queso con carácter, cuya corteza se lava con sidra de pera). En resumen, ¡la tabla de quesos británica esconde tesoros ocultos!

Vocabulario de platos, alimentos y condimentos

Pescado/marisco, Fish/shellfish *[fish/shelfish]*

la anguila	**eel**	*iil*
la lubina	**(sea) bass**	*(sii) bas*
el bacalao	**cod**	*kod*
la platija	**plaice**	*pleis*
el camarón/la gamba	**shrimp**	*shrimp*
la gamba/el langostino	**prawn**	*pron*
la dorada	**sea bream**	*(sii) brim*
la langosta/el bogavante	**lobster**	***lob**st^eR*
la ostra	**oyster**	*oist^eR*
la cigala/el cangrejo de río	**crawfish**	***kro**fish*
la cigala	**Dublin Bay prawn**	***dab**lin bei pron*
la caballa	**mackerel**	***mak**r^el*
la sardina	**sardine**	*saRdin*
el salmón	**salmon**	***sa**¹mon*
el lenguado	**sole**	*soul*
el atún	**tuna**	***tiu**na*

la trucha	**trout**	*traut*
el rodaballo	**turbot**	**ta**ᴿb°t

La carne, Meat [miit]

el cordero	**lamb**	*lam*
la carne de vaca/buey	**beef**	*biif*
el cordero	**mutton**	**mat°**n
el cerdo	**pork**	*pork*
la ternera	**veal**	*viil*

Las aves de corral / la caza, Poultry/game [poltri/gueim]

pato	**duck**	*dak*
ciervo	**venison**	**ve**niss°n
pavo	**turkey**	**ta**Rki
conejo	**rabbit**	**ra**bit
liebre	**hare**	*Her*
ganso	**goose**	*gus*
perdis	**partridge**	**pa**Rtridch
pintada	**guinea fowl**	**gui**nii faul

La charcutería, Prepared meats [prepeᴿd miits]

jamón	**ham**	*Ham*
paté	**paté**	**pa**te
salchichas	**sausages**	**so**sidchs

No hay una traducción exacta para la charcurtería. Además de las **prepared meats**, y según el lugar, también hay **cold cuts** ("fiambre"), **lunch meats** ("carne de almuerzo"), **deli meats** (deli, apócope de delicatessen, ver p. 130), etc.

Las verduras, Vegetables [vedy°teb°ls]

alcachofa	**artichoke**	**aR**titchok
espárrago	**asparagus**	e**spa**regus
berenjena	**aubergine**	ob°Ryin
aguacate	**avocado**	av°**ka**do
remolacha	**beetroot**	**bii**trut
zanahoria	**carrot**	**ka**rot
apio	**celery**	**se**leri
champiñones	**mushrooms**	**mash**rums
repollo/col	**cabbage**	**ka**bidch
pepino	**cucumber**	**kiu**kamb°R
calabacín	**courgette**	cur**yèt**
endivia	**chicory**	**chi**kori
espinacas	**spinach**	**spi**nitch
judías	**beans**	bins
lechuga	**lettuce**	**le**tos
lentejas	**lentils**	**len**t°ls
maíz	**corn**	korn
cebolla	**onion**	**on**ion
guisantes	**peas**	piis
puerro	**leek**	liik
pimienta	**(bell) pepper**	(bel) **pep**°R
patata	**potato**	po**tei**to
ensalada	**salad**	**sa**lad
tomate	**tomato**	to**ma**to

Las frutas, Fruit [frut]

albaricoque	**apricot**	**ei**pr°kot
piña	**pineapple**	**pai**nap°l

124

cereza(s)	**cherry/-ies**	*cheri/-s*
plátano	**banana**	*banana*
limón	**lemon**	*lemon*
fresa(s)	**strawberry/-ies**	*stroberi/-s*
frambuesa(s)	**raspberry/-ies**	*rasberi/-s*
moras	**blackberry/-ies**	*blakberi/-s*
naranja	**orange**	*orindch*
pomelo	**grapefruit**	*greipfrut*
pera	**pear**	*peer*
manzana	**apple**	*apᵒl*
ciruela	**plum**	*plam*
ciruela pasa	**prune**	*prun*
uva	**grape**	*greip*

Observa que **nut** es el término genérico para todas las nueces.

Postres, etc., Desserts, etc. *[diseRts]*

chocolate	**chocolate**	*chokleit*
helado	**ice cream**	*aiskriim*
pastel	**cake**	*keik*
tarta	**tart**	*taRt*

Los condimentos, Condiments *[kondiments]*

pepinillo	**gherkin**	*gueRkin*
aceite	**oil**	*oil*
~ de oliva	**olive ~**	*olif ~*
mostaza	**mustard**	*masteᴿd*
pimienta	**pepper**	*pepᵉᴿ*
sal	**salt**	*salt*
vinagre	**vinegar**	*vinagᵉᴿ*

Los británicos adoran los alimentos en vinagre. El término genérico es **pickled** (**pickled onion**, etc). El **pickle** es una mezcla de verduras maceradas en vinagre, servidas normalmente para acompañar al queso. El **piccalilli** utiliza mostaza como conservante en lugar de vinagre.

La comida rápida

No podemos olvidarnos de la **hamburger**, *hamburguesa*, ni del **hot dog**, *perrito caliente*, pero si quieres un aperitivo típico, **a snack**, solo tendrás que elegir. El pub es un buen lugar para empezar a explorar, sobre todo si es un **"Pub Grub"** ("pub de papeo"). Aparte del **ploughman's lunch** ("almuerzo del labrador", una tabla de quesos, ensalada, pan y **pickles**), tienes:

Buffalo wings *[bofalou uings]*: alitas de pollo fritas;
Chips *[chips]*: patatas fritas;
Crisps *[krisps]*: patatas fritas;
Jacket potato *[dyaket poteito]*: patatas al horno (lit. "patatas con chaqueta");
Pork scratchings *[pork skratchings]*: especie de chicharrones;
Scampi and chips *[skampi and chips]*: gambas rebozadas con patatas fritas;
Scotch egg *[skotch eg]*: huevo duro cubierto de carne picada;
Steak and ale pie *[steik and eil pai]*: pastel de carne a la cerveza inglesa;
Welsh rabbit (o **rarebit**) *[uelsh rabit (reiRbit)]*: rebanada de pan horneada con queso.

Modos de preparar

al punto	medium	*miidium*
muy hecho	well done	*uel don*
poco hecho	rare	*reir*

agridulce	**sweet and sour**	*suit and sau^eR*
hervido	**boiled**	*boild*
picante	**spicy/hot**	***spai**si/Hot*
frito	**fried**	*fraid*
ahumado	**smoked**	*smoukt*
gratinado	**au gratin**	*o grat^en*
al grill	**grilled**	*grild*
guisado	**stewed**	*stiud*
asado	**roast**	*roust*
al vapor	**steamed**	*stiimd*

Bebidas alcohólicas y etiqueta en el pub

Junto con el té, la cerveza es la bebida nacional. Sin embargo, el consumo de vino se ha disparado en los últimos años, y la producción vinícola inglesa –especialmente de vinos blancos– comienza a ganar fama.

Al pedir una cerveza en el pub, debemos especificar la cantidad **a pint** (*una pinta*, 0,56 litros) o **a half-pint** (más comúnmente **a half**) y el tipo que se desea (rubia, negra, etc.). Muchos pubs sirven **real ale** (o **cask ale**), cerveza elaborada "a la antigua", sin conservantes ni otros aditivos, etc. Todas las cervezas, a excepción de las rubias (**lagers**) se sirven a temperatura ambiente.

También puedes pedir **a shandy** *[shandi]*, una cerveza con limonada.

Ten en cuenta que no hay servicio de mesa: hay que pedir siempre en la barra y pagar la consumición de inmediato. No se deja propina, pero si el camarero es simpático, puedes invitarle a tomar una ronda: **And one for yourself**.

Echemos un vistazo a las cervezas

Bitter *[bit^eR]*: literalmente "amarga": cerveza ambarina con sabor a lúpulo, sin gas;

Lager *[lageR]*: cerveza rubia;

Mild *[maild]*: más dulce y con menos lúpulo que la **bitter**;

Pale ale *[peil eil]*: cerveza rojiza de alta fermentación;

Stout *[staut]*: cerveza negra.

Puedes pedir tu cerveza **draught** *[draft]* (*a presión*) –como en el caso de la **bitter**– o **bottled** *[boteld]* (*en botella*).

Quiero media pinta de bitter y media pinta de shandy, por favor.

I would like a half of bitter and a half of shandy, please.

ai uud laik a Haf of biteR and a Haf of shandi plis

¿Me da dos pintas de lager y una bolsa de patatas fritas?

Can I have two pints of lager and a packet of crisps?

kan ai Haf tu paints of lageR and a paket of krisps

(puedo tener dos pintas de lager y un paquete de patatas fritas)

¿Qué quieres beber?

What would you like to drink?

uat uud iu laik tu drink

¿Cuánto es?	*¡Salud!*
How much is that?	**Cheers!**
Hau mach is Dat	*tchiis*

¡Última ronda, damas y caballeros!

Last orders, ladies and gentlemen!

last ordRs leidis and dyentelmen

(*Frase que grita el dueño del pub quince minutos antes de cerrar.*)

Otras bebidas

sidra	cider	*said*eR
coñac	brandy	*bran*di
agua mineral	mineral water	*miner*ªl *uot*eR
~ con gas	fizzy/sparkling ~	*fisi/spaR*kling ~
~ sin gas	still ~	*stil* ~
ginebra	gin	*dyin*
zumo de frutas	a fruit juice	a frut dyus
limonada/gaseosa	lemonade	*le*moneid
vino...	wine	uain
~ blanco	white ~	uait ~
~ rosado	rosé	*rou*se
~ tinto	red ~	red ~
~ dulce	sweet ~	suiit ~
~ seco	dry ~	drai ~
vodka	vodka	*vod*ka
whisky	whisky	*uis*ki

Algunos pubs sirven café y/o té, sobre todo si tienen restaurante, pero no es sistemático. Para ello, debes dirigirte a los **coffee shops** o **coffee bars**, a menudo pertenecientes a cadenas nacionales o internacionales, que ahora son parte del paisaje urbano, o incluso puedes buscar **a café**.

↗ Compras y regalos

Tiendas y servicios

Por regla general, las tiendas están abiertas de lunes a sábado de 9 a 17/18 h, sin interrupción, en las grandes ciudades, aunque en provincias algunas cierran una hora para comer. Los bancos abren de 9.30 a 17 h de lunes a viernes (algunos abren los sábados por la mañana en la ciudad). En las metrópolis y las ciudades de tamaño medio, encontramos las **convenience stores** (tiendas/

supermercados), también llamadas **corner shops** ("tiendas de la esquina"), cuyos horarios de apertura son más amplios.

Cuando el término no se forma con **shop**, habitualmente añadimos la -'s del posesivo, que significa "la tienda de..." (por ejemplo, **a stationer's**, **a butcher's**).

una agencia de viajes	a travel agent/ agency	a *trav*ᵉl *eid*yent/ eidyensi
un banco	a bank	a bank
una carnicería	a butcher	a *butch*ᵉᴿs
una panadería	a bakery	a *bei*keri
un centro comercial	a shopping centre a shopping mall	a *sho*pinng *sent*ᵉᴿ a *sho*ping mol
una peluquería	a hairdresser	a *Her*dresᵉᴿ
una tienda de comestibles / delicatessen	a grocer a delicatessen	a *grous*ᵉᴿ a delika*tes*en
un hipermercado	a hypermarket a superstore	a *Hai*pemarkᵉt a *sup*ᵉᴿstor
un supermercado	a supermarket	a *sup*ᵉᴿmaRkᵉt
unos grandes almacenes	a department store	a de*paR*tmᵉnt stor
una lavandería	a launderette	a *lorn*dret
una librería	a book shop/bookshop	a buk shop/**buk**shop
una zapatería	a shoe shop	a shu shop
una tienda de ropa	a clothes shop	a klouds shop
una tienda de licores	an off-licence	an *off*-laisens
una verdulería	a greengrocer	a *griin*-grousᵉᴿ
un mercado	a market	a *maR*kᵉt
una papelería	a stationer	a *steish*'onᵉᴿ
una farmacia	a chemist/pharmacist	a *kem*ist/*faR*masist
una tintorería	a dry cleaner	a drai *kliin*ᵉᴿ

Un fenómeno habitual en las calles comerciales de Gran Bretaña es la **charity shop**. Se trata de una tienda que vende artículos de ocasión en beneficio de una organización caritativa como "**Oxfam**" o "**Save the Children**".

¿Tiene algo...?	Do you have anything...?	du iu Haf eniZing
de color distinto	**in a different colour**	in a **difrent kol**ᵒR
más barato	**cheaper**	**chip**ᵉR
más grande	**bigger**	**big**ᵉR
más pequeño	**smaller**	**smol**ᵉR

Solo estoy mirando.
I'm just looking.
aim dyast *lu*king

¿Cuánto cuesta esto?
How much is this?
Hau mach is Dis

No es lo que estoy buscando.
It is not what I am looking for.
it is not uat ai am *lou*kinng for

No gracias. Eso es todo.
No thank you. That will be all.
nou Zank iu Dat uil bii ol

Me lo pensaré.
I will think about it.
ai uil Zink abaut it

Nos lo llevamos.
We will take it.
ui uil teik it

¿Puede envolverlo para regalo?
Can you gift-wrap it?
kan iu gift rap it

¿Puedo pagar con tarjeta de crédito?
Can I pay by credit card?
*kan ai pei bai **kre**dit kaRd*

Libros, revistas, periódicos

¿Tiene algún periódico en español?
Do you have any Spanish-language newspapers?
*du iu Haf eni spanish **lan**güidch **nius**peip^{eR}s*

Querría...	I would like...	ai uud laik
un cuaderno.	a notebook.	*a **nout**buk*
una postal.	a postcard.	*a **poust**kaRd*
un mapa de carreteras.	a roadmap.	*a **roud**map*
un lápiz.	a pencil.	*a **pen**sil*
un diccionario de bolsillo.	a pocket dictionary.	*a **poket dik**sh'on^{e}ri*
una guía turística.	a guidebook.	*a **gaid**buk*
un plano de la ciudad.	a street plan / a city map.	*a striit plan / a **si**ti map*
post-it.	sticky notes.	***sti**ki nouts*
un bolígrafo.	a ballpoint (pen).	*a **bol**point (pen)*

Si vas a Londres, consigue la **A-to-Z** *[ei tu sed]*, una guía indispensable de las calles de la capital.

Tintorería / lavandería
Cuando estás de viaje, seguro que no tienes ninguna gana de hacer la colada.

Estoy buscando una tintorería/lavandería.
I am looking for a dry cleaner/launderette.
*ai am **lou**kinng for a draï **klii**nnë/**lorn**drèt*

¿Puede...	Can you...	kan iu
lavar	wash	uosh
planchar	iron	**ai**ron
limpiar en seco	dry clean	drai kliin
... esto, por favor?	... this, please?	Dis plis

¿Cuándo estará listo?
When will it be ready?
uen uil it bii **re**di

¿Podrá quitar estas manchas?
Can you remove these stains?
kan iu ri**muf** Diis seins

Ropa y calzado

Las tallas inglesas no son las mismas que en España. Echemos un vistazo a las diferencias:

Ropa de mujer

España	34	36	38	40	42	44	46	48	50	52
UK	6	8	10	12	14	16	18	20	22	24

Número de calzado – mujer

España	37	38	39½	40½	42
UK	4	5	6	7	8

Número de calzado – hombre

España	39½	40½	42	43	44½	46	47	49	50
UK	6	7	8	9	10	11	12	13	14

Observa que la palabra **size** se traduce tanto por *talla* como por *número*.

Me gustaría algo así, por favor.
I want something like this, please.
ai uant **som**Zing laik Dis plis

¿Qué talla tiene usted?
What is your size?
uat is ior sais

Tengo una 38.
I take a size ten.
ai teik a sais ten
(cojo una talla 10)

¿Me lo puedo probar?
Can I try it on?
kan ai trai it on

¿Dónde está el probador?
Where is the fitting room?
ueR is De **fi**ting ruum

Quiero una talla más grande/pequeña.
I need a size larger/smaller.
ai nid a sais **la**Rdy^{eR}/**smol**^{eR}

¿Me queda bien?
Does it suit me?
das it suit mii

Ropa

un cinturón	a belt	a belt
un sombrero	a hat	a Hat
calcetines/un par de calcetines	socks / a pair of socks	soks / a peir of soks
una camisa	a shirt	a sheRt
medias	tights	taits

un traje	a suit	*a suit*
una corbata	a tie	*a tai*
una braga/calzoncillo	a pair of panties/ underpants	*a peir of **pan**tis/ **and**eRpants*
un impermeable	a raincoat	*a **rein**kout*
un vaquero	a pair of jeans	*a pei of dyins*
una falda	a skirt	*a skeRt*
ropa interior / lencería	underwear (general) lingerie (fina)	***and**euear **lein**yerii*
un traje de baño	a bathing costume	*a **bei**Zing **kost**ium*
un abrigo	a coat	*a kout*
un pantalón	a pair of trousers	*a peir of **trous**eRs*
un suéter/un jersey	a sweater	*a **suet**eR*
un pijama	a pair of pyjamas	*a peir of piyam ªs*
un vestido	a dress	*a dres*
un short	a pair of shorts	*a peir of shorts*
un sujetador	a bra (apócope de brassiere)	*a bra*
un jersey	a sweatshirt	*a **suets**hert*

Observa que para hablar de una prenda "de dos piernas" (un short, un vaquero, etc.), el inglés utiliza una palabra plural precedida de **a pair of** (*un par de*…).

Estoy buscando unos vaqueros.
I am looking for a pair of jeans.
*ai am **lu**king for a peir of dyins*

Calzado

deportivas	trainers	***trein**eRs*
botas	boots	*buts*
zapatillas	slippers	***slip**eRs*

zapatos	shoes	shus
sandalias	sandals	*sandºls*
chanclas	flip-flops	flip-flops

Me gustaría probarme este par de deportivas.
I would like to try on this pair of trainers.
ai uud laik tu trae on Dis peir of treineRs

Son un poco grandes/pequeñas.
They are a bit too big/small.
Dey aR a bit/tu big/smol

¿Tiene un número más/menos?
Do you have the next size up/down?
du iu Haf De nekst sais ap/daun
(tiene el próximo número arriba/abajo)

¿De qué color lo quiere?
What colour would you like?
uat kolºR uud iu laik

Los colores

beige	beige	beish
blanco	white	uait
azul	blue	blu
~ marino	navy blue	neivi blu
claro/oscuro	light/dark	lait/daRk
amarillo	yellow	ielou
marrón	brown	braun
negro	black	blak
rosa	pink	pink

rojo	**red**	*red*
verde	**green**	*grin*

Tabaco

Puedes comprar cigarrillos, tabaco, etc., en tiendas especializadas, **a tobacconist**, pero también –y más habital– en *un quiosco de periódicos* (**a newsagent**) en *un supermercado* (**a supermarket**) o incluso en *una tienda de vinos y licores* (**an off-licence**). Está prohibido fumar en la mayoría de los espacios públicos en Gran Bretaña; las máquinas expendedoras están prohibidas en Inglaterra desde 2011 y en País de Gales desde 2012.

una cerilla	**a match**	*a match*
un mechero	**a lighter**	*a laiteᴿ*
un cenicero	**an ashtray**	*an ashtrei*
un cigarro/un puro	**a cigar**	*a sigaR*
un cigarrillo	**a cigarette**	*a sigaret*
con/sin filtro	**filter-tipped/untipped**	*filtᵉᴿ tipt/antipt*
un paquete	**a packet**	*a paket*

¿Se puede fumar aquí?
Is smoking allowed here?
is smouking aloud Hiᵉᴿ
(está fumar permitido aquí)

¿Te molesta si fumo?
Do you mind if I smoke?
du iu maind if ai smouk

¿Tienes fuego?
Do you have a light?
du iu Haf a lait

PROHIBIDO FUMAR
NO SMOKING

Fotos

Aunque la mayoría de los turistas utilizamos nuestra cámara digital o nuestro smartphone para hacer fotos, todavía hay amantes de la fotografía tradicional y de las fotos en papel. Aquí tienes un poco de vocabulario:

una ampliación	**an enlargement**	*on en**la**Rdchment*
una cámara	**a camera**	*a **kam**ᵉra*
~ digital	**a digital ~**	*a **di**yital ~*
brillo/mate	**glossy/matte**	***glo**si/mat*
un cable de transmisión	**a transfer cable**	*a transfᵉᴿ **keib**ᵒl*
una cámara de vídeo	**a cine camera**	*a **sini kam**ᵉra*
una tarjeta de memoria	**a memory card**	*a **mem**ᵉri kaRd*
un carrete	**a film**	*a film*
un flash	**a flash**	*a flash*
un negativo	**a negative**	*a **ne**gatif*
una foto	**a photo**	*a **fo**to*
una batería	**a battery**	*a **bat**ᵉri*
una copia	**a print**	*a print*

¿Dónde puedo revelar mis fotos?
Where can I get my photos developed?
*ueR kan ai guet mai **fo**tos deve**l**ᵒpt*

¿Me puede hacer una copia de estas fotos para hoy?
Can you print these photos today?
*kan iu print Dis **fo**tos tu**dei***

Quiero ampliar esta.
I would like to enlarge this one.
*ai uud laik to en**laRdch** Dis uan*

¿Cuánto tiempo tardará?
How long will it take?
Hau long uil it teik

Provisiones

Aquí tienes algunas frases que te ayudarán a orientarte si no encuentras la sección que buscas en un supuermercado o una tienda.

Disculpe, ¿dónde está la sección…?
Excuse me, where is the… section (supermercado)/**department** (grandes almacenes)**?**
*ekskius mii ueR is De… **sek**sh'on/de**paRt**mᵉnt*

Estoy buscando un carro/cesta.
I am looking for a shopping trolley/basket.
*ai am **lu**king for a **sho**ping **tro**li/**bas**ket*

¿Me puede indicar dónde están las cajas?
Can you tell me where the checkouts are?
*kan iu tel mii ueR De **chek**auts aR*

Allí. / Aquí.
Over there/here.
*ou-vᵉR DeR/**Hi**ᵉR*

Accesorios y diversos productos de aseo

un cepillo	a brush	a brush
un cepillo de dientes	a toothbrush	a **tuZ**brush
cortauñas	nail scissors	neil sis^{oR}s
algodón	cotton wool	kot^{o}n uol
crema para las manos / la cara	hand/face cream	hand/feis krim
crema/espuma de afeitar	shaving cream/foam	**shei**ving krim/foum
crema solar	sun cream	san krim
el dentífrico	toothpaste	**tuZ**peist
sombra de ojos	eyeshadow	**ai**shadou
leche desmaquillante	cleansing milk	**klin**sing milk
una cuchilla de afeitar	a razor blade	a **reis**^{oR} bleid
una lima de uñas	a nail file	a neil fail
loción para después del afeitado	aftershave	**aft**^{eR}sheif
un pañuelo de papel	a tissue	a **ti**shu
papel higiénico	toilet paper	**toi**let peip^{eR}
un peine	a comb	a koumb
jabón	soap	soup
una compresa/ un tampón	a sanitary towel/ tampon	a **sanit**^{e}ri tauel/ **tam**pon
champú	shampoo	sham**pu**

Productos varios

cerillas	matches	**mat**ch^{e}s
una escoba	a broom	a brum .
un cepillo	a brush	a brash
un abrebotellas	a bottle opener	a **bot**^{e}l oupen^{eR}
una esponja	a sponge	a spondch

film transparente	**cling film**	*kling film*
detergente en polvo	**washing powder**	*uoshing paud^eR*
lavavajillas líquido	**washing-up liquid**	*uoshing ap likuid*
un abrelatas	**a tin opener**	*a tinn oupen^eR*
papel de aluminio	**tin foil / aluminium foil**	*tin foil / aluminium foil*
una servilleta de papel	**a paper napkin**	*a peip^eR napkin*
un sacacorchos	**a corkscrew**	*a korkskru*

Recuerdos, regalos

¿Qué traer de tu viaje? La elección es muy amplia, pero aquí tienes algunas ideas divertidas que no fallan. Elige el adorno del típico letrero (I ♥ Londres, por ejemplo) o una carita sonriente.

un posavasos	**a coaster**	*a koust^eR*
un imán para la nevera	**a fridge magnet**	*a fridch magnet*
un llavero	**a key ring**	*a kii ring*
una hucha	**a money box**	*a moni boks*
una caja de té	**a tea caddy**	*a tii kadi*
una tetera	**a tea pot**	*a tii pot*
un bolso de mano	**a tote bag**	*a tout bag*

En la sección de alimentación, además de en el té, la mermelada de naranjas amargas (**marmalade**) o incluso el **Marmite®** (ver p. 115, no a todo el mundo le gusta), piensa en el **shortbread**, esas galletitas de mantequilla escocesas, o incluso la muy tradicional **Gentleman's Relish**, una pasta a base de anchoas, mantequilla y especias.

Estoy buscando un regalo para mi/mis...
I am looking for a gift for my... (ver pp. 64-65, Familia)
ai am lukinng for a gift for mai

No quiero gastar más de...
I don't want to spend more than...
ai doont uant tu spend moor Dan

↗ Citas profesionales

Fijar una cita

¿De parte de quién?
May I ask who's calling?
mei ai ask Hus koling
(puedo preguntar quién está llamando)

¿Habla usted español?
Do you speak Spanish?
du iu spiik spanish

¿Puedo hablar con el señor/la señora...?
Can I speak to Mr/Mrs/Ms...?
kan ai spiik tu mist^eR/mis^es/m^es

Quisiera hacer una cita con...
I would like to make an appointment with...
ai uud laik tu meik an apointm^ent uiZ

¿Cuándo estará libre?
When will he/she be free?
uen uil Hii/shii bii frii

¿Puedo dejar un mensaje?
Can I leave a message?
kan ai lif a mes^edch

Este es mi número de móvil/fijo.
Here is my mobile/landline number.
Hi^eR is mai mobail/landlain namb^eR

Visitar la empresa

Tengo una cita con el señor/la señora…
I have an appointment with Mr/Mrs/Ms…
ai Haf an a**point**m°nt uiZ **mis**t°R/**mis**°s/m°s

¿Puede decirle que ha llegado el señor/la señora…?
Could you tell him/her that Mr/Mrs/Ms… has arrived?
kud iu tel Him/Her Dat **mis**t°R/**mis**°s/m°s … Has a**Raiv**°d

¿Puedo utilizar su teléfono?
May I use your phone?
mei ai ius ior foun

¿Tiene conexión wifi?
Do you have a wifi connection?
du iu Haf a uai-fai ko**nek**sh'on

Tengo que enviar un fax/e-mail.
I need to send a fax / an email.
ai nid tu send a faks / an **ii**meil

Gracias por su tiempo.
Thank you for your time.
Zank iu for ior taim

Volveré a ponerme en contacto con usted en breve.
I will get back to you shortly.
ai uil guetbak tu iu **short**li

Vocabulario de empresa

una empresa	a company	a *komp*ᵃni
El departamento de...	The ... department	De ... de**paRt**mᵉnt
marketing/ventas	marketing/sales	**maR**keting/seils
comunicación financiera	investor relations	invest°ᴿ ri**lei**sh'ons
contabilidad	accounting	a**kaun**ting
informática	IT	ai-ti
recursos humanos/ personal	human resources / personnel	**Hium**ᵉn **ri**sorsis/ peᴿs°**nel**

El personal

el presidente	the chairman	De **cherm**ᵉn
el director financiero	the Chief Financial Officer (CFO)	De shiif fai**nanch**ᵉl **ofis**ᵉᴿ (sii-ef-ou)
el director general	the Chief Executive Officer (CEO)	De shiif ek**sekiu**tif **ofis**ᵉᴿ (sii-ii-ou)
director	director/manager	dai**rekt**ᵉᴿ/**manay**ᵉᴿ
jefe de departamento	head of department	Hed of de**paRt**mᵉnt
empleado	employee	em**ploy**i

Por supuesto, cada empresa tiene su propio vocabulario, que depende de su organización interna (el departamento comercial se puede llamar **the Sales Department**, **the Business Development Department**, etc.), sus directivos (*el director general*, **the Managing Director**, **the Chief Executive**, etc.) o incluso de la elección de la terminología financiera y contable. Si vas a visitar a un cliente, siempre es mejor que te informes de antemano leyendo su documentación.

Equipamiento y material de oficina

un despacho	**a desk** (escritorio)	a desk
	an office (sala)	an *ofis*
un fichero	**a file** (documento)	a fail
	a filing cabinet (mueble)	a *failing* **kabinet**
un fax	**a fax** (documento)	a faks
	a fax machine (aparato)	a faks ma**shin**
una fotocopiadora	**a photocopier**	a *fo*tokopi*eR*
un móvil	**a mobile** (teléfono)	a *mo*bail
un portátil	**a laptop** (ordenador)	a *lap*top
un puesto de trabajo	**a workstation**	a **uerk**stesh'on

Informática

He aquí algunos términos frecuentes:

una dirección de correo electrónico	**an email address**	an *ii*meil a**dres**
arroba	**at**	at
una bandeja de entrada	**an inbox**	an *in*boks
un teclado	**a keyboard**	a *ki*bord
una llave USB	**a flash drive / memory stick**	a flash draif / **mem**eri stik
una pantalla	**a screen**	a skrin
un fichero	**a file**	a fail
una identificación de usuario	**a user ID**	a *ius*eR aidi
una impresora	**a printer**	a **print**eR
un programa	**a program**	a **pro**gram
software	**software**	**soft-u**ar
una clave	**a password**	a **pas**-uord

un ordenador	a computer	a kompiut*eR*
punto	dot	dot
un sitio web	a website	a uebsait
un ratón	a mouse	a maus
una tableta	a tablet	a tablet
descargar	to download	tu daunloud
guion (-)	dash/hyphen	dash/Haif*e*n
guion bajo (_)	underscore	and*eR*skor

Mi dirección de e-mail es tim-winton@zmail.com.

My email address is tim dash winton at zmail dot com.

*mai imeil adres is tim dash uint*e*n at sedmeil dot kom*

Ferias y exposiciones

Estoy aquí por...

I am here for...

*ai am Hi*eR* for*

¿Dónde está la entrada de visitantes?

Where is the visitors' entrance?

*ueR is De visit*o*Rs entrans*

¿Dónde tengo que registrarme?

Where do I register?

*ueR du ai redyist*eR*

una asamblea general	a general meeting	a dyenr*e*l miting
una conferencia	a conference (coloquio)	a konfrens
	a lecture (exposición)	a lektch*eR*
un congreso	a conference	a konf*e*rens
una exposición	an exhibition	an eksibish*o*n

una feria	a fair	a fer
un salón (de exposiciones)	a hall / an exhibition hall	a Hol / an eksibish'on Hol
una reunión	a meeting	a miting
un salón ~ de automóvil	an exhibition / a show a motor show	an eksibish'on / a shou a mot⁰ᴿ shou
un stand	a stand / a booth	a stand / a buZ

↗ Salud

En el médico y en urgencias

El sistema público de salud, del que dependen los médicos y los hospitales, está dirigido por el **National Health System**, conocido por sus iniciales **NHS** *[en eich es]*.
Un consultorio médico se conoce comúnmente como **a surgery**, que significa literalmente *una cirugía*. En la mayoría de los casos, se trata de un conjunto de médicos generales (**GP = general practitioner**) que trabajan en un **health centre** o en una **clinic**.

Necesito ver a un médico.
I need to see a doctor.
*ai nid tu sii a **dokt**⁰ᴿ*

¿Qué horario tiene la consulta?
What are the surgery hours?
*uat aR De **sar**dyerii **au**ᵉᴿs*

¿Hay algún médico que hable español?
Is there a doctor who speaks Spanish?
*is DeR a **dokt**⁰ᴿ Hu spiiks spanish*

Soy diabético/Estoy embarazada.
I am diabetic/pregnant.
ai am daiabetik/pregnant

Mi marido/mi esposa tiene una enfermedad cardiaca.
My husband/wife has a heart condition.
mai hasband/uaif Has a haRt kondish'on

Estoy malo desde hace… días.
I have been ill for … days.
ai Haf biinn il for … deis

En caso de urgencia

¡Llame un médico/ambulancia rápido!
Call a doctor / an ambulance quickly!
kol a doktᵒR / an ambiulans kuikli

Necesito ir a urgencias.
I need to go to the Accident and Emergency department.
ai nid tu gou tu De aksident and imeRdyentsi depaRtmᵉnt
(necesito ir al departamento de accidentes y urgencias)

¿Dónce está el hospital más cercano?
Where is the nearest hospital?
ueR is De niarest Hospitᵉl

Estoy herido/a. / Me he lesionado.
I am injured.
ai am indyuᵉRd

Síntomas

Tengo ganas de vomitar.
I Think I am going to vomit.
*ai THinnk ai am **go**ing tu **vom**ᵉt*

Estoy estreñido.
I am constipated.
*ai am **kon**stipeitᵉd*

Estoy sangrando.
I'm bleeding.
*aim **bli**ding*

Tengo mucha tos.
I am coughing a lot.
*ai am **ko**fing a lot*
(estoy tosiendo mucho)

Tengo...	I have...	ai Haf
asma	asthma.	**asm**ᵉ
calambres	cramps.	kramps
diarrea	diarrhoea.	dai**e**ria
mareo	dizzy spells.	**di**si spels
fiebre	a high temperature.	a Hai **temp**rᵉtchᵃR
hipertensión	high blood pressure.	Hai blod **pre**shᵉR
una nsolación	sunstroke.	**san**strouk
unaintoxicació alimentaria.	food poisoning.	fud **pois**ᵉning
fiebre del heno.	hay fever.	Hei **fiv**ᵉR

Dolores y partes del cuerpo

Dolores

Tengo....	I have...	ai Haf
dolor de espalda.	backache.	**bak**eik
dolor de estómago.	a stomach ache.	a **stom**ᵉk eik
dolor de garganta.	a sore throat.	a sor Zrout
dolor de oídos.	an ear ache.	an iᵉR eik
dolor de cabeza.	a headache.	a **hed**eik

Partes del cuerpo

boca	mouth	*mauZ*
brazo	arm	*aᴿm*
tobillo	ankle	**ankᵉl**
corazón	heart	*Haᴿt*
columna vertebral	spine	*spain*
costilla	rib	*rib*
cuello	neck	*nek*
dedo de la mano	finger	**fingᵉᴿ**
espalda	back	*bak*
estómago	stomach	**stomᵉk**
hígado	liver	**livᵉᴿ**
garganta	throat	*Zrout*
pierna	leg	*leg*
lengua	tongue	*tong*
mano	hand	*Hand*
nariz	nose	*nous*
ojo	eye	*ai*
oreja/oído	ear	*iᵉᴿ*
dedo del pie	toe	*tou*
hueso	bone	*boun*
piel	skin	*skin*
pie(s)	foot (feet)	*fut (fit)*
pulgar	thumb	*Zomb*
pulmón	lung	*lang*
riñón	kidney	**kid**ni
sangre	blood	*blod*
cabeza	head	*Hed*
vesícula	bladder	**bladᵉᴿ**
cara	face	*feiss*

Salud de la mujer

anticoncepción	**contraception**	*kontrªsepsh'on*
ginecólogo	**gynaecologist**	*gainᵉkolodyist*
menopausia	**menopause**	*menᵉpos*
ovario	**ovary**	*ovᵉri*
la píldora	**the Pill**	*De pil*
periodo(s)/regla(s)	**period(s)**	*piriᵒd(s)*
útero	**uterus**	*iutᵉr's*
vagina	**vagina**	*vᵉdyainª*

Estoy embarazada de tres meses.
I am three months pregnant.
ai am Zrii monZs pregnªnt

Tomo la píldora.
I am on the Pill.
ai am on De pil
(estoy en la píldora)

No he tenido la última regla.
I missed my last period.
ai mist mai laast piiriiëd
(echo en falta mi último periodo)

Curas médicas

Quizá escuches:

No es nada.
It's not serious.
its not siriᵒs

Necesita guardar cama varios días.
You need to stay in bed for a few days.
iu nid tu stei in bed for a fiu deis

Le voy a recetar un antibiótico/unas medicinas.
I'm prescribing you some antibiotics/drugs.
aim pr⁰skraibing iu som antibaiotiks/drags

¿Tiene alergias?
Do you have any allergies?
du iu Haf eni al⁰ᴿdyis

Debe ir al hospital.
You'll have to go to hospital.
iul Haf to gou tu Hospit⁰l

Debe ver a un especialista.
You need to see a specialist.
iu nid tu sii a spesh⁰list

Aquí está la receta.
Here's the prescription.
Hi⁰ᴿs De pr⁰skripsh⁰on

Diagnóstico

Tiene...	You have...	iu Haf
dolor de garganta.	**a sore throat.**	*a sor Zrout*
un desgarro muscular.	**a torn muscle.**	*a torn mas⁰l*
un dislocamiento.	**a dislocation.**	*a dislᵒkeish⁰on*
un esguince.	**a sprain.**	*a sprein*
una fractura.	**a fracture.**	*a fraktch⁰ᴿ*
(la) gripe.	**(the) flu.**	*flu*
hemorroides.	**haemorrhoids.**	*Hem⁰roids*
una hernia.	**a hernia.**	*a HeRnia*
~ discal.	**a slipped disc.**	*a slipt disk*
una indigestión.	**indigestion.**	*ind⁰dyestsh⁰on*
una infección.	**an infection.**	*an infeksh⁰on*
una inflamación.	**swelling.**	*sueling*
una insolación.	**sunstroke.**	*sanstrouk*
una intoxicación alimentaria.	**food poisoning.**	*fud pois⁰ning*
una neumonía.	**pneumonia.**	*niumounia*

una tortícolis.	**a stiff neck.**	*a stiff nek*
una úlcere.	**an ulcer.**	*an **al**seR*
un virus.	**a virus.**	*a **vair**ªs*

En el dentista

Algunos dentistas pertenecen al **NHS**, pero la mayoría son privados.

un flemón	**an abscess**	*an **ab**ses*
una caries	**a cavity**	*a **ka**viti*
un diente	**a tooth**	*a tuZ*
dentadura postiza	**dentures**	***den**tcheRs*
un dentista	**a dentist**	*a **den**tist*
una muela	**a molar**	*a **mou**lªR*
un empaste	**a filling**	*a **fi**ling*

¿Dónde puedo encontrar un dentista?
Where can I find a dentist?
*ueR kan ai faind a **den**tist*

Me duele este diente.
This tooth hurts.
Dis tuZ HaRts
(este diente duele)

Tengo un flemón.
I have an abscess.
*ai Haf an **ab**ses*

He perdido un empaste.
I have lost a filling.
*ai Haf lost a **fi**ling*

En la óptica

lentes de contacto/ lentillas	contact lenses	**kon**takt **lens**ᵉs
~ duras/blandas	hard/soft ~	HaRd/soft ~
gafas	glasses/spectacles	**glas**ᵉs/**spekt**ᵉkᵉls
gafas de sol	sunglasses	**san**glasᵉs
~ graduadas	prescription ~	pre**skrip**shᵒon ~
una lente	a lens	a lens
montura	frames	freims
un examen de la vista	an eye test	an ai test

Se me han roto las gafas. ¿Me las puede arreglar?
I have broken my glasses. Can you repair them?
*ai Haf **brouk**ᵉn mai **glas**ᵉs. kan iu ri**per** Dem*

Necesito unas lentillas blandas.
I need some soft contact lenses.
*ai nid som soft **kon**takt **lens**ᵉs*

¿Vende gafas de sol?
Do you sell sunglasses?
*du iu sel **san**glasᵉs*

Farmacia

Estoy buscando una farmacia.
I am looking for a chemist.
*ai am **lu**king for a **ke**mist*

Soy alérgico a...
I am allergic to...
*ai am ᵃ**leR**dyik tu*

Necesito alguna cosa para...	I need something for...	ai nid **som**Zing for
una ampolla.	a blister.	a **blist**ᵉR
las quemaduras de sol.	sunburn.	**san**baRn

154

la diarrea.	diarrhoea.	daieria
la resaca.	a hangover.	a **Hang**ouv*eR*
el dolor de garganta.	a sore throat.	a sor Zrout
el mareo.	seasickness.	**si**sikness
el dolor de cabeza.	a headache.	a **Hed**eik
el mareo de viaje.	travel sickness.	trav*el* **sik**nes
la picadura (avispa, abeja, etc.).	a sting.	a sting
~ otros insectos, serpiente.	a bite.	a bait
el resfriado.	a cold.	a kold
la tos.	a cough.	a kof

¿Tiene...?	Do you have...?	du iu Haf
aspirina	aspirin	**as**prin
un enjuague bucal	a mouthwash	a **mauZ**uosh
una venda	a bandage	a **band***e*ch
calmantes (anagésicos)	painkillers	**pein**kil*eR*s
un desinfectante	a disinfectant	a disin**fekt***e*nt
gotas	drops	drops
~ para la nariz/los oídos/los ojos	nose/ear/eye ~	nous/i*eR*/ai ~
yodo	iodine	**ai**-*o*din
un laxante	a laxative	a **laks***a*tif
algodón	cotton wool	**kot***o*n uol
un repelente de insectos	insect repellent	**in**sekt repel*e*nt
tiritas	plasters	**plast***eR*s
jarabe para la tos	cough syrup	kof **sir***o*p
somníferos	sleeping pills	**sli**ping pils
supositorios	suppositories	su**pos**itris
pastillas para la garganta	throat lozenges	Zrout **los**indy*e*s
un termómetro	a thermometer	a ZeR**mom***e*t*eR*

ASSIMIL®
El don de lenguas

Únete a la comunidad Assimil en Facebook

- → novedades,
- → concursos,
- → foros,
- → historia de la marca,
- → extractos de audios...

y en otras redes sociales:

vimeo

SOUNDCLOUD

You Tube™

Mantente en contacto con la Newsletter Assimil (en francés): www.assimil.com

Índice temático

Inglés - N° de edición: 3273
Acabado de imprimir en febrero 2014
Impreso en Eslovenia